U0059775

WOMEN

懂女人
=≠識女人

天生矛盾的物種 女人

（原書名 靚女都在想什麼）

馮湘兒 著

前言

天地萬物之中，人是最複雜的動物，尤其是變幻莫測的尤物——女人。男人和女人的愛情是永恆的話題，從古至今，有無數文人墨客投入極大的熱情抒發這個話題，但對於女人，能說得清、道得明的卻寥寥無幾。

世間之物，最難懂的是女人。她如花，卻裹著一層薄霧；她似水，能穿透磐石的心。女人是……女人是什麼？

女人是水，清澈見底；男人入浴，洗去污垢，留下潔淨。

女人是書，博大精深；男人讀之，有甜蜜也有欽佩。男人想讀透女人這本書，需要花一生的時間，讀透了她，也就讀透了人生。

女人是調色板，五彩繽紛；男人從中感受到了生活的絢麗多姿，喜怒哀樂，世界因女人而精彩。

女人是歌，幽婉多情；男人沉浸在這曲調悠悠、潤人心脾的旋律，再華麗的詞藻也顯得如此蒼白。

女人是花，嬌豔欲滴；男人迷亂於亮麗的玫瑰，鍾情於恬靜的百合，沉醉於灼人的桃花，崇敬於堅韌的臘梅……男人在花的世界裡意亂情迷。

女人是酒，甘醇可口；男人喝得太快，易醉；只有慢慢品嘗，才能品出她的清新，她的濃烈，她的美麗，她的溫柔，她的爛漫。

女人是謎，百個男人會得出百種答案。如何才能解開「女人」這道謎呢？讓本書帶你駛入女人神秘的內心世界。

社會不斷進步，女人、男人與金錢之間也越來越複雜。如果不知道女人在想什麼，就無法正確地理清愛情與金錢之間的糾葛。

女人是什麼？女人需要什麼？女人到底在想什麼？探索之後，你就會發現，其實女人並不難懂，她只是男人喜愛的尤物；獲得心儀女人的愛是如此簡單，她是如此的容易滿足。

帶著欣賞的愉悅，翻開本書吧！它會讓你更瞭解女人，更容易俘獲女人心！

目錄

解開女人這道謎

——進入女人的內心世界

女人變化多端的心情

——窺看女人心情的轉變

女人風暴

——如何協助女人走出情緒低潮

女人與「小氣」的淵源

——理解女人在生活中的表現

女人怎樣看待性

——瞭解女人和男人的相悅之事

如何架起與女人溝通的橋樑

——解開兩性之間的誤會

女人的內心世界多姿多彩

——欣賞女人的千姿百態

如何贏得美人歸
——男人如何征服女人

解開女人這道謎

進入女人的內心世界

女人，多麼神奇的生命！這個用男人的第七根肋骨創造的生靈，讓男人為之思索了千年。

上帝創造了男人，怕男人寂寞，就從男人身上取下第七根肋骨，創造了女人。為什麼要選第七根？上帝沒有說，而唯一見過上帝的第一個男人又沒有問，於是就成了謎。而女人也像這神秘的第七根肋骨一樣，讓男人捉摸不透、魂牽夢縈，成了謎一樣的——女人。

女人，到底是什麼？

女人是什麼？

女人是水，清澈見底；男人入浴，洗去污垢，留下潔淨。女人是書，博大精深；男人讀之，有甜蜜也有欽佩。男人想讀透女人這本書，需要花一生的時間，讀透了她，也就讀透了人生。

男人說女人是衣服，君不見「衝冠一怒爲紅顏」；男人說女人是老虎，君不見「爲伊消得人憔悴」；男人說女人是禍水，君不見「不愛江山愛美人」；男人說……

女人說，亞當的世界裡不能沒有夏娃！那氣勢，儼然是上帝的代言。封建社會，女人只能扮演「相夫教子」的角色，她們不許進私塾，女子無才被視爲美德。

她們受「君權、父權、夫權」的重重制約，喪失了參與社會活動的一切權力，甚至連自稱也只能說「賤妾、妾身、奴家、奴婢、賤婢、老身」等。

然而，即使在那樣備受歧視的年代，依然無法掩蓋女人天生的光芒。代父從軍駐守邊關的花木蘭，擊鼓退敵的女俠梁紅玉，痛斥負心漢怒沉百寶箱的杜十娘，不計清貧追求幸福的崔鶯鶯……多少文人志士不吝用最美的文字來謳歌女人，鄙夷男人「薄情漢子負心郎」。

歷史的巨輪從來也沒有停歇，千百年來，在一次次文化的滾滾浪潮裡，人類逐漸步入了理性與文明的新時代。從狄更斯《雙城記》的復仇女神，到法國大革命《自由引導人民》的女性形象；從創辦《女報》參加辛亥革命的秋瑾，到畢生追隨革命先驅孫中山的宋慶齡……無不預示著女性地位的提升。

如今進入二十一世紀，女人更是處處不亞於男人。女人不再是軟弱的代名詞，不再是紅顏禍水多薄命。女人可以跟男人一樣獲得高學歷，可以透過自己的努力經濟獨立，她們表現得跟男人一樣果斷、冷靜……

女人除了在生理上與男人有所不同外，不再與男人有區別，甚至在很多方面遠超過男人。她們高興時會大笑，生氣時瘋狂購物，悲傷時嚎啕大哭；她們閉月羞花、傾國傾城、秀色可餐、明眸善睞、天生麗質、高貴典雅、氣若幽蘭……

女人對美的追求可以無拘無束，這種無拘無束足以讓男人羨慕，甚至嫉妒，卻也只能望洋興嘆。

女人是什麼？

女人是水，清澈見底。男人入浴，洗去污垢，留下潔淨。

女人是書，博大精深。男人讀之，有甜蜜也有欽佩。男人想讀透女人這本書，需要花一生的時間，讀透了她，也就讀透了人生。

女人是調色板，五彩繽紛。男人從中感受到了生活的絢麗多姿，喜怒哀樂，世界因女人而精彩。

女人是歌，幽婉多情。男人沉浸在這曲調悠悠、潤人心脾的旋律，再華麗的詞藻也顯得如此蒼白。

女人是花，嬌豔欲滴。男人迷亂於亮麗的玫瑰，鍾情於恬靜的百合，沉醉於灼人的桃花，崇敬於堅韌的臘梅……男人在花的世界裡意亂情迷。

女人是酒，甘醇可口。男人喝得太快，易醉；只有慢慢品嘗，才能品出她的清新，她的濃烈，她的美麗，她的溫柔，她的爛漫。

女人到底是什麼？

上帝沒有說，而唯一見過上帝的第一個男人又沒有問，於是女人就成了一個謎。一千個男人就有一千種答案，一千個女人又能展現給男人一萬種風情。猜不透？「女人心，海底針」，慢慢體會吧！

女人究竟是什麼？

她是男人的第七根肋骨，記住這一點就行了！

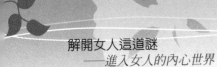

女人需要什麼？

女人需要什麼？女人需要被欣賞，男人不用心欣賞，那就離她遠一點；女人需要愛，男人的眞愛，會讓女人美麗一生；女人需要春花秋月、夏雨冬雪，那絲絲縷縷的爛漫，是她眞誠的依戀；女人需要……

男人說：「女人生來就是被愛的。」這句話中聽。但有的女人聽了會不高興，她說：「大男人主義！」有的女人聽了會感到幸福，她說：「我終於找到疼我的人！」有的女人聽了則不痛不癢，因爲說這句話的男人沒有選合適的時間和地點。

男人說：「女人怎麼這麼難伺候啊！」這句話錯了，而且是大錯特錯。一百個女人聽了，九十九個會跟你辯，另外一個會跟你拼命。周國平曾說：「一個男人眞正需要的只是自然和女人。其餘一切，諸如功名之類，都是奢侈品。」其實這只不過是男人的一廂情願，女人聽了會說：「你在歧視女性，女人可不是被男人需要的，女人需要男人那是另外一回事。」這些話聽起來怎麼這麼彆扭呢？沒錯，這就是女人——讓男人無法猜透她眞正需要的女人。

小娅結了三次婚，又離了三次婚。她的第一任丈夫英俊瀟灑，相遇在她情竇初開之時，愛情像火一樣熾烈地灼燒他們，於是閃電結了婚。但是，婚後小娅發現丈夫事業心太強，生活樂趣少，便痛苦地離婚了。

有過離婚經歷的小娅，再選擇丈夫時愼之又愼。她的第二任丈夫幽默風趣又會獻殷勤，使小娅沉浸在幸福中，感覺夫妻生活就應該是這樣。但日久天長，成天的「窮作樂」，讓小娅開始覺得實在是自欺欺人，在親朋好友面前也沒有面子。經過一段掙扎，小娅終於與她的第二任丈夫揮手「拜拜」。

小娅第三次選了一位很有錢的丈夫，讓自己盡情的過了一段「闊太太」的風光日子。然而，有錢丈夫的「花心」還是讓她忍無可忍，終於憤而離婚。

一個人的日子總是孤獨的，小娅雖然經歷了三次痛苦的婚姻，但她還是準備再婚，讓她猶豫的是，現在不知道該找什麼樣的男人比較好。

是啊！「英俊瀟灑的」、「愛她疼她的」、「有房有車的」，這些都不能滿足小娅的要求，她還能找什麼樣的男人呢？集這三者於一身的？這太難了，就像在尋找一頭史前時代的活恐龍一樣難。

女人，妳究竟需要什麼？

「外貌、情趣、金錢」，我所需，「才能、地位、權力、關心、體貼、忠誠、男子漢氣概、寬容、聽話」，亦我所需。上帝啊！女人需要的東西實在太多了，又有哪個男人是集這些於一身的呢？恐怕只有上帝了，但上帝是男還是女呢？

女人就好像是一部永遠也無法停止的機器，所以必須時刻爲她加滿油。女人的「完美主義」一開始會令她對別的女人心生羨慕，進而變得虛榮、嫉妒，對自己身邊的男人心存幻想，總想讓男人變成她心目中理想的形象。

女人需要什麼？

女人永遠都需要她目前生活中最缺乏的東西、最渴望的東西，或從未擁有過的東西。即有情無錢時，她需要錢；有錢無情時，她需要情；有錢有情時，她需要浪漫瀟灑，甚至，她有時還需要瘋狂、粗野和被虐待。一個男人如果不瞭解女人的這一特性，就永遠也無法知道女人究竟需要什麼。

然而，有時候女人又如此的容易滿足。一句「我愛妳」，她就會託付你終生；一支五元的玫瑰，她就會幸福上好幾天；逛街時的一次牽手，就會成為她向同伴炫耀的話題……

女人，妳到底需要什麼？女人需要被欣賞，男人不用心欣賞，那就離她遠一點；女人需要被愛，男人的眞愛，會讓女人美麗一生；女人需要春花秋月、夏雨冬雪，那絲絲縷縷的爛漫，是她眞誠的依戀。

女人需要明確的讚美，「我喜歡妳的髮型」、「妳穿紅衣服眞的很漂亮」，這樣的讚美會讓女人在你的面前永遠梳理那個髮型，讓她爲你整天穿著紅衣服。

女人還需要男人耐心傾聽她說話，不管她說的是對還是錯，都不要去打斷她。女人說話的內容並不重要，重要的是男人認眞地聽完她的嘮叨。女人嘮叨完了，心情就會舒暢。

女人需要丈夫成爲她的朋友，尊重她的長處，容忍她的缺點。說白了，女人需要的男人既要是她的朋友，又要是她的情人，而不僅僅是伴侶。

女人需要有人關心她、照顧她；女人需要偶爾不管任何人的需要、任何人的喜怒哀樂；女人需要有人瞭解她的喜好，並為她制定計劃而自己不用花心思；女人需要有人為她實現心中的願望，而自己可以坐享其成；女人需要有人注意她、愛她，並對她獻殷勤；女人需要有人愛慕她、渴望她；女人需要自由地去愛，而且自己的付出一定要有所回報；女人需要有人關心她的幸福，瞭解她的遭遇，包容她的情緒；女人需要有個值得信賴的人，可以盡情地傾訴自己心事，而不必擔心洩露秘密、傷她的心；女人需要……

女人需要的實在太多太多了，男人什麼時候才能懂得女人的需要？女人，妳到底在想什麼？

什麼東西最吸引女人？

最吸引女人的是花。女人與花，是女人如花還是花如女人？帶刺的玫瑰，或許是最能代表女人的花，也是大多數女人在愛情到來時最樂意收到的禮物。女人是玫瑰，香而刺手，給人愉悅，也能帶來傷害。

大千世界，紛繁複雜。只要它可愛，它美麗，它好玩，女人沒有不喜歡的。因爲女人博愛，所以華麗的衣服、耀眼的鑽石、孩童的玩具、琳琅滿目的飾品都能吸引女人的目光。當然，還有美麗的大自然，一叢灌木，一隻小鳥，一朵野花……花？對！它是最容易讓女人沉醉的東西——清純的水仙、高雅的百合、富貴的牡丹、豔麗的芙蓉、驚鴻一瞥的曇花……

女人與花，是女人如花還是花如女人？帶刺的玫瑰，或許是最能代表女人的花，也是大多數女人在愛情到來時最樂意收到的禮物。女人是玫瑰，香而刺手，給人愉悅，也能帶來傷害。

那麼，生活中有沒有玫瑰一樣的女人呢？文人墨客說，有！

白玫瑰女人，猶如出水芙蓉，充滿青春活力，天眞可愛，純潔善良。有這樣的女人相伴，就如置身藍天碧水之間，使你忘卻一切的雜念，她像清澈透明的水，洗去你一身的煩惱，帶你享受那份純潔無瑕的友誼和快樂。

紅玫瑰女人，渾身散發著火一樣的熱情，當她投入戀愛的時候，充滿浪漫的激情；當她投入工作的時候，又有奮進的豪情。她可以過著平凡的日子，但是不會一輩子生活在平庸當中。她可以讓人生故事完整又生動。

粉玫瑰女人，純眞質樸，給人一種暖暖的感覺，對人充滿了關懷和愛心。她心地善良，處處爲人著想，總是任勞任怨。

黃玫瑰女人，美麗而成熟，性感而奔放。你會迷失在她不經意的一瞥中，即刻心旌飄搖，春潮暗湧。

女人愛花，所以女人是幸福的。當女人收到情人送花的那一刻，絕對是世界上最幸福、最陶醉的精靈，也是最嫵媚的物種！

小惠是平凡的女人，而紅玫瑰是最普通、最常見的花，於是就成了她的最愛。隆冬季節的玫瑰是昂貴的，她就買一支插在床頭；春、夏季節玫瑰價格便宜了，她就買上一大束。

前些時候，她為了迎接一位也和她一樣愛花的遠方朋友，準備用好多好多的玫瑰裝飾她的蝸居。她去樓下那間常去的花店買了好多好多的紅玫瑰，插滿家裡所有的花瓶，擺得家裡到處都是紅玻瑰，小小蝸居洋溢著濃郁的熱情。等她的朋友過來，兩人著實開心了許久。

是呀，有哪個女人不喜歡玫瑰花呢？特別是女人生日的時候，還有那個最特別的日子——情人節，玫瑰有著絕好的市場。當女朋友或妻子生氣時，玫瑰一出手，即能化干戈為玉帛——拿出你的玫瑰吧！讓它的魔力滿足女人的心情。

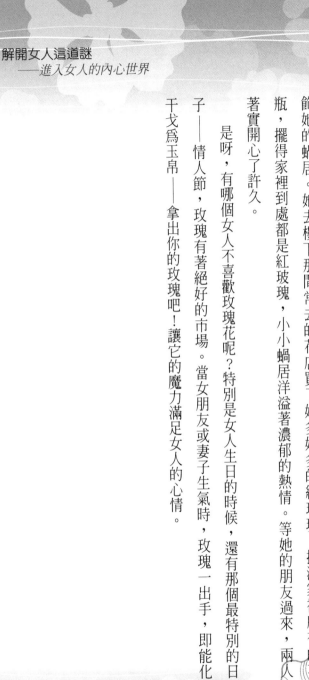

女人看重什麼？

六成以上女性認爲，一個男人身爲丈夫和父親的潛力是她們最看重的，剩下的三成女性則認爲，這個條件就算不是第一位，也是必不可少的。

實在的、虛幻的、形象的、抽象的……女人看重的東西實在太多，以至於有時候女人自己也分不清楚到底看重什麼。

美麗的外表是每個女人都努力追求的，所以女人樂意花上一大筆錢來打造自己完美的形象；爲了保持身材，女人可以忍受美食的誘惑，可以抗拒難以忍受的饑餓煎熬，可以每天一大早起來跑步，晚上爲了騰出地方做瑜珈而熬到家人都休息以後……

男人說，女人性感的身材、迷人的臉蛋最具殺傷力，所以女人最重視外表。

然而，有些女人有著魔鬼身材，天使臉蛋，卻說：「我丈夫對我很冷淡，很久都不願碰我了。」這樣的尤物，男人怎麼可能抗拒呢？

原來，男人與女人初次邂逅，就被女人美麗的外表所吸引，被她性感的身材所迷惑，一時失去了理智。當男人有了欲望，就會無可救藥地愛上女人。但是，等到男人得到了女人之後，男人便醒悟，其實他眞正愛的不是女人，而是一時的衝動，衝動一過，愛情也就煙消雲散了。

女人美麗的外表是不能持久的，所以男人覺得女人看重外表並不正確。其實，女人更加看重自我感受和自我體驗，有著比男人更強烈的情感需要。如果男人能在情感方面給予女人多一些關心，那麼雙方關係就會更加的和睦。

六成以上的女性認爲，一個男人身爲丈夫和父親的潛力是她們最看重的，剩下的三成女性認爲這個條件就算不是第一位，也是必定不可少的。

「我曾經深愛著一個男人，可是最後還是和他分手了，因爲他的生活實在是太混亂了。」某雜誌的專欄編輯，三十一歲的麗貝卡說，「他的房間總是奇臭無比，銀行存款又少，即便這樣，他每週還要用五個晚上的時間泡酒吧。他沒有一點好丈夫的樣子，晚上從來不打電話給我，問我獨自下班是否安全？我的未來好像不在他的計劃之中。我很厭煩這樣不被人重視的生活。因此，我們分手了。」

戀愛中的女人，四個月是她們心中的一個里程碑，這個時候女人會重新考慮繼續交往下去還是就此打住。因爲到了四個月的時候，彼此已經比較瞭解，因此這是一個再選擇的時機。如果此時，一個男人讓女人覺得在一起沒有前途，那麼女人肯定會踩煞車。

如今的女人有了選擇，不再需要像舊社會一樣被迫用盡自己的一切去討好男人，把自己的人生全部交給男人。女人不再害怕婚姻帶來的傷害，不再害怕因爲沒有討好男人而被拋棄。女人可以獨立，也知道索求，所以，當一個女人爲男人付出的時候，男人是否也應當爲這個女人付出點什麼呢？其實，只要男人給女人多一點點的投入，比如男人的注意、男人的關懷、男人的體貼等等，他就會從女人那裡得到超出想像的回報，因爲女人看重的就是這些。

大多數女人最想要什麼？

佛洛伊德一生研究心理學，可是直到他去世的那一天，依舊被一個問題所困擾，那就是：「女人最想要什麼？」

女人是多變的，因此她們的言行會令人覺得不符合常理。這一秒鐘，她們的想法是這樣，下一秒可能又改變了。有時候，在別人看來應該很幸福的女人卻愁眉不展；明明擁有了許多的女人卻總是抱怨……女人爲什麼那麼難以捉摸？女人到底最想得到什麼？金錢、地位、青春、愛情、智慧還是健康？

女人說金錢是萬能的——在這個物欲橫流的時代，沒有金錢就沒有溫飽，沒有名牌的服裝，沒有寬大的豪宅；女人說是地位——有了地位，就可以一呼百應，人人羨慕，滿足女人的虛榮；女人說是青春——青春是人一生最美好的，失去了青春，意味著一無所有，女人爲了青春永駐，情願不惜一切代價，與時光做拔河比賽；女人說是愛情——誰都想得到刻骨銘心、海枯石爛的愛情，因爲那樣的愛情實在讓人感動和驚歎，男人的一切或許是事業，但女人的全部是愛情；女人說是智慧——對於選擇智慧的女人來說，智慧是最明智的選擇，有了智慧就有了財富，這個財富包括精神財富和物質財富，擁有了這樣的財富才能讓女人感到快樂與幸福……

女人說是健康，健康才是以上所有的一切！

以前有個女同事，美貌和愛情都有，男朋友對她也百般疼愛。但是她不滿足，愛慕虛榮，喜歡和別人攀比，爲了達到目的，使用心計，利用別人。她總是想支配、控制男友，不珍惜她擁有的愛情。

時間一長，大家瞭解她以後，慢慢疏遠她，最終使她失去了愛情，還有工作。她爲什麼會這樣？別人問她時，她回答說：「因爲我想得到的更多！」是的，她想得到比她擁有的更多，可是她沒有意識到自己的貪心，以至於她不知道自己眞正想要的是什麼？

佛洛伊德一生研究心理學，可是直到他去世的那一天，依舊被一個問題所困擾，那就是：「女人最想要的是什麼？」

佛洛伊德先生的這句話體現了女人的心理特點，表面上看來，女人想得到很多，以至於迷失了方向——不知道自己眞正想要的是什麼。也就是說，女人貪心，想得到的太多了，直到有一天，才發現自己已經失去了所有。

心理學家研究發現，許多女人存在心理壓力、感情困擾等心病，這些都源自於女人不知道自己想得到什麼，從而理不出頭緒。因此，女人只有讓自己頭腦清醒，理出頭緒，體認到什麼是自己最想得到的，才能釋放自己的壓力，走出困境。

開始懂事時，感覺金錢可以給足物質上的需要，於是認爲金錢是自己最想得到的；到了青春期，有了愛情，體驗了戀愛的滋味，又感覺愛情是最美好、最幸福的，於是認爲愛情才是自己最想得到的……但是，當病倒了，躺在醫院裡，突然醒悟自己最想得到的是健康……

女人是感性的動物，最突出的表現在情緒上。女人的情緒可以隨著時間、地點的變換而改變，剛剛柳暗花明，豁然開朗，馬上又峰迴路轉，陰雨連綿。當女人的情緒高漲時，她會想得到全世界，一旦情緒跌入低谷，她又什麼都不想要了。女人的多變和內心缺少安全感導致了需求的不穩定，所以說，女人最想得到的，其實是一種無時不在的安全感！

女人變化多端的心情

窺看女人心情的轉變

如果男人想明白女人究竟在想些什麼，那麼就需要認真的聽、仔細的想、沉著的回答。其實，男人絕對可以從女人的心情指數中得到答案。

上帝在創造女人的同時，也賦予了女人細膩、敏感的性格，而上帝則給予男人開朗、豁達、不拘小節的特徵。上帝覺得只有這樣，男人與女人才可以互補互助和諧美滿，但是，男人總是覺得女人又麻煩又無聊，情緒變化多端，陰晴不定。「智者千慮，必有一疏」，不知道上帝會不會後悔當初的決定。不過無論如何，女人變化多端的心情是永遠也無法改變的。

女人最愛問什麼

三個男人聚在酒吧裡喝酒，其中一個有些醉，看著酒瓶說了這麼一句：「兄弟，你說女人怎麼這麼多問題啊？我老婆今天問了我一堆問題，開始的時候，我還耐著性子回答，最後實在忍無可忍，所以才來喝酒。」

一個沒喝多少酒的說：「呵呵，不問問題就不是女人了。」

一直沒開口的那位說話了：「我還沒結婚呢！你們能不能先告訴我，女人最愛問什麼啊？」

女人：「你不是一直說你很瞭解我嗎？那麼我的身高、體重是多少，最喜歡的和最討厭的又是什麼？」男人沉著冷靜，但是腦袋裡快速搜索相關資料：「身高……穿平底鞋到我下巴，穿高跟鞋到我耳朵。我用自行車載妳，勉強可以上三十度的斜坡；抱著妳的話，大概走不出兩公尺。妳最喜歡用尖指甲掐我，討厭我看足球和別的女孩。」

女人聽完之後很開心，接著又問：「那你說，我和你以前的女朋友有什麼不同？」

男人小心翼翼的回答：「她是一盤沒下完的棋，妳呀，是一盤下不完的棋。」

這個答案令女人滿意，於是再問：「你最難忘和我有關的事是哪一件？」

男人：「肯定是結婚！愛情終於進行到底了嘛！」

女人想起自從家裡養了狗之後，男人幫牠洗澡，陪牠散步，似乎忽視了自己，就問道：「對你來說，我還不如你的狗重要嗎？」

男人有些生氣說：「假如妳不再多話，又能吃剩飯，當然還是妳重要。」

女人聽了更生氣，問說：「現在，你還在想著別的女人嗎？」

男人想轉換一個話題：「妳媽媽愛喝鯽魚湯，今晚給她買幾條送去。」

女人覺得男人還是不錯的，就說：「你最想跟我說的三個字是……給你一次機會喲！」

男人感到無聊極了，終於忍無可忍：「別……問……了！」

女人總是有問不完的問題，而且有些問題讓男人聽起來是那麼的幼稚。而女人卻覺得男人真是沒有一丁點耐心的動物，不過就是問幾個問題嘛！

女人問：「你愛我嗎？」

如果男人不假思索的回答：「這還用問嘛，我當然是愛妳的。」女人就會說：「你連想都不想就脫口而出，你這不是敷衍我嗎？」女人開始生氣，男人猶如丈二和尚，怎麼也搞不清楚，自己剛才的回答有什麼不對之處。

如果聽到女人這麼問，男人的眼睛還是停留在報紙或電視上沒有注視著女人，然後說：「這個問題妳問過一千遍，我都回答膩了，我愛不愛妳，妳還不知道嗎？」

女人看到男人表現得這麼煩躁，就會接著問：「我如果知道還用問你？說啊，你到底愛不愛我？」相信這個男人一定會七竅生煙，尋思著女人怎麼成天糾纏著這樣的問題：「我把我的錢都交給妳來管，妳還問我愛不愛妳？」

如果這個男人很幽默的回答：「我愛妳，愛著妳，就像老鼠愛大米。」女人會立刻變臉說：「老鼠愛大米是因爲老鼠需要大米來充饑，我就這麼不值嗎？」男人也生氣的說：「我不就是開一句玩笑嘛，妳看看妳，連玩笑都開不起，什麼時候變成這樣了？」最後鬧得不歡而散。

其實，這句「你愛我嗎？」是女人最愛問的一句話，只怪上帝創造男人的時候，賦予了男人大剌剌的性格，覺得女人老問這句話眞是無聊，所以回答這問題總不能令眼前的女人感到滿意。

那你說說，男人究竟應該如何回答呢？

就知道你會這麼問。想想你第一次對女人說「我愛妳」這三個字的情形，你一定是含情脈脈的看著女人的眼睛，慎重的說出這三個字的。

你會接著說：「沒錯，可是都老夫老妻了，根本用不著。」

如果你是這樣想的，那麼你就大錯特錯了。女人心裡或多或少都有浪漫情結，她們並不是無理取鬧，更不是閒著沒事做，她們只不過想看到你用溫柔而專注的眼神回答：「親愛的，我愛妳。」如果你這樣回答，女人會滿臉洋溢著幸福，然後深情款款的說：「我也愛你。」這樣的效果豈不是更好？

女人還會經常問：「我穿這件衣服好看嗎？」如果男人連看都不看一眼就來句：「好看。」女人必定會說：「你總是這樣，剛才你根本就沒看我一眼，怎麼知道好看？你根本就不關心我！」

男人本來懷著好心情在等待女人換好衣服一起出門的，一下子猶如跌入萬丈深淵，感覺十分冤枉，「我怎麼會不關心妳？」

深有同感的你是不是感覺遇到知音了？你會問，你怎麼知道的？

這還不簡單，你認眞想一下女人的話，特別是最後一句話，是不是想到了什麼，沒錯，女人就是想要你欣賞她，這樣她就會感覺到你對她的關心。你的默然相對，讓女人不安。

如果男人用眼睛在女人身上打量一遍，然後說：「好看，妳穿什麼都好看。」即使知道男人說的是恭維話，女人也會很高興，因爲她挑選了半天的衣服終於得到了認同。要是這樣，你們兩個一定是皆大歡喜的出門去。

女人有時候就像孩子，她需要男人哄著、疼著、寵著。上帝又賦予了女人愛嘮叨的習性，總是問這問那。她們還是完美主義的化身，帶有浪漫的理想主義色彩，所以總有問不完的問題。

當愛情日久轉淡時

當愛情日久轉淡的時候，女人的一言一行都是信號燈，提醒著過馬路的男人：「紅燈停，綠燈行！」

每一段愛情的開始都是美麗、令人欣喜若狂的，但是隨著時間的推移，原來的熱情與激情也會逐漸消逝，男人或許對此並沒有強烈的感覺，女人卻能明顯感覺到這種變化。「他以前一天打好幾通電話給我，而現在我主動約他一起吃個飯，他都說沒時間。」接著女人就會問自己，「他還像以前那樣愛我嗎？」

當愛情日久轉淡的時候，女人的心情也會隨之變化，沒有愛情滋潤的女人會變得更加敏感，在她們平時的言行舉止中表現出來。

王芳長得漂亮，有很多追求者，李傑是其中之一。他每天送王芳一束玫瑰花，下班的時候在公司門口等著送她回家，天氣變涼的時候也不忘傳簡訊提醒王芳多穿件衣服，注意身體……王芳最終招架不住李傑的強烈攻勢，被李傑徹底地俘虜了，成爲李傑的女朋友。

三年過去，王芳覺得李傑變了，不像從前那樣時刻想著自己。特別是最近公司裡有個小女生正處於熱戀當中，王芳看著人家收到的玫瑰花，心裡很不是滋味。

王芳心想，李傑是不是不喜歡我了？他以前總是噓寒問暖，怎麼現在不這樣了，是不是喜歡別人了？爲什麼他不像從前那樣每天打電話給我？我和他見面的時間越來越少，這說明了什麼？可是王芳轉念一想，是不是自己多心了？她心裡就是不平靜。

於是，王芳打電話給李傑說：「今天下班你來接我吧！你已經好久沒來接過我了。」

李傑一聽，也感覺到自己眞的很久沒去接王芳了，便爽快答應。

王芳自然很高興，一心想著李傑來接自己。終於熬到下班時間，王芳拿出小鏡子，對著鏡子把自己的妝重新修飾了一下，她希望用最漂亮的形象來迎接李傑。

辦公室裡的小劉還湊過來開玩笑，「喲，王姐，等一下是不是有約會啊？」

王芳笑而不答，臉上泛起紅暈，她感覺自己像個剛談戀愛的小女生，滿心歡喜。誰會想到一向很準時的李傑竟然遲到了，王芳等了很久，心想，再等五分鐘還不來的話，就自己先走。

在這最後的五分鐘裡，李傑終於出現了。看到姍姍來遲的李傑，王芳很生氣的說，「你怎麼現在才來啊！」

「妳不是六點下班嗎？」李傑感覺自己並沒有遲到。

「那是從前。換了老闆之後就提前半個小時，我告訴過你，你都不記得。」

「是嗎？什麼時候的事啊？」李傑眞的想不起來了。

「半年之前。」王芳更生氣了，「你眞的越來越不關心我了，連我下班的時間都記不住，從前你總是早早在公司門口等我，你再想想，你有多久沒有送花給我了？」

李傑聽到王芳的抱怨，便說：「我哪有不關心妳啊？我也有工作，總不能讓我丟下工作，專程來接妳吧！」

「你以前可以做到，現在怎麼不可以了呢？」

「妳這不是無理取鬧嗎？眞是不可理喻！」

王芳終於爆發了，她聽到李傑說自己不可理喻，掉頭就走，李傑則往相反方向走。王芳回頭一看，眼淚奪眶而出，「你走，我們分手！」

當相愛的兩個人感情日久轉淡時，男人通常都會覺得自己很無辜，覺得兩人在一起這麼久了，應該已經很明白自己對她的愛，幹嘛非要用玫瑰花來見證；已經結了婚的男人則會想，我把整個家和自己都交給妳了，怎麼能說我不喜歡妳呢？

男人通常都是反應遲鈍的動物，兩人相愛日久，感情轉淡而出現危機時，男人不會感覺到自己什麼地方做錯了，只會習慣女人對自己的好。而女人則希望細水長流，不管兩人相愛了多久，女人都希望過馬路時，男人依然牽著自己的手。爲人妻的女人則希望男人能在自己收拾碗筷的時候過來抱一抱自己，而不是自顧自地坐在那裡看電視。女人還希望男人永遠記住自己的生日，哪怕什麼禮物都沒有，只要一句「生日快樂」，也會讓女人感動和幸福好幾天……

女人需要男人的愛

上帝用亞當的第七根肋骨創造夏娃的時候，賦予了夏娃柔弱、細膩的心思。亞當遇到這樣的夏娃，就萌生了想要保護她的念頭；而夏娃也感覺到亞當就像一棵參天大樹一樣，可以給自己帶來安全感。

上帝用亞當的第七根肋骨創造夏娃的時候，賦予了夏娃柔弱、細膩的心思。亞當遇到這樣的夏娃，就萌生了想要保護她的念頭；而夏娃也感覺到亞當就像一棵參天大樹一樣，可以給自己帶來安全感，於是，亞當與夏娃快樂而幸福的生活在一起。

他們繁衍生息，生出來的女兒都如夏娃一樣柔弱、細膩，這也就驗證了那句話——女人生來就需要男人的愛。

現代女性比過去的女人更爲獨立，她們與男人一樣冷靜、果斷地參與社會，不過任何女人的內心深處都有一塊柔軟的沙灘，能敏銳地感覺到周圍的絲毫變化，特別是她們所喜歡的人的一舉一動、一言一行，都會在這片沙灘上留下印跡。

小婭在一家大型企業當行政主管，別看她工作起來十分幹練，她深深感覺到工作壓力很大。

傑克是小婭的男朋友，有一家屬於自己的咖啡屋，雖然不大，但是經營得不錯。很多人都覺得傑克配不上小婭，也不明白小婭怎麼會喜歡傑克。小婭並不在乎別人說什麼，傑克就像一個港灣，當她感覺疲倦的時候，傑克總是能察覺到，並且讓小婭很快調整到最佳狀態，迅速投入工作。

有一天，小婭被工作壓得喘不過氣來，打電話給傑克，傑克從聲音就能感覺她心事重重，傑克說：「下班後我去接妳吧！」小婭答應了。

下班的時候，傑克早已經開車等在門口，手裡拿著一大束百合花，當他把花送給小婭的時候，傑克是這樣說的：「小婭，我只希望妳開心、快樂、健康，妳的不快樂令我很心疼。」

小婭明白傑克的意思，他不需要她賺多少錢，很早之前傑克就明白的表示過了，只是小婭求勝心太強，事業與愛情都想豐收。

接下來，傑克帶著小婭去海邊散步，在洶湧澎湃的大海面前，小婭感覺到自己是如此的渺小，那點悲傷又算得了什麼呢？

浪花不斷打起，傑克看到小婭忘情的看著大海，不忍心叫她離開，他張開雙臂把小婭抱在懷中，關切地問：「冷不冷？我很擔心妳會感冒。」

小婭望著傑克的眼睛：「我們結婚吧！」

傑克一下子沒會意過來，小婭接著說：「我覺得你是我可以託付終生的人，你從不給我任何壓力，而在我心情不好的時候，你又總能想到好主意讓我開心，這樣的男人為什麼我不嫁給他呢？」

傑克有些感動：「我只希望妳開心，妳的笑容就是我最大的成功。」

所有的女人，無論是美麗的、溫柔的、聰明的、可愛的、醜陋的還是年邁的……她們期待幸福的心情都是一樣的。她們都在等待生命中眞命天子的出現，等待可以給她愛的男人。

女人永遠都會記得第一個情人節，男人在路邊花壇裡偷來的月季花；記得她在廚房忙碌的時候，男人悄悄過去幫忙洗菜，即使洗得不是很乾淨，也會讓她感覺到幸福和甜蜜；記住過馬路時，男人緊緊握住她的手……無論女人變得多老、多醜，這些美好的回憶永遠都烙印在她們的心中。

這些事情看起來很小、很不起眼，但對女人來說，正是這些細節表達了男人對女人的愛。

在平淡的日子裡，女人在為家事忙得不可開交的時候，希望男人可以伸出援手，慷慨的說句：「老婆，剩下的交給我吧！」女人會為這句話高興；女人孤單或者無助的時候，希望可以靠在男人的肩膀，聽到那句：「不要怕，還有我呢！」

都說「女人是水做的」，天生柔弱，男人在不經意間流露出來的愛意，即使只有一點點，小到男人都沒有意識到，但是女人會牢牢的記在心底。

女人是善變的

「女人如水」，善變。熱戀中的女人有著炙熱的情懷，寧願將身軀變成氣態，游離在男人的身邊；而如果男人給予女人的是冰冷，女人便會將自己隱身成冰，徹底冰凍自己，只待有一天另一份合適的溫度，才能還女人汩汩湧動的如水情懷。

男人都覺得女人是善變的，如果被女人聽到，會有人站出來說，誰說女人善變，女人對感情很專一；接著又會有一個女人站出來說，女人善變有什麼不好嗎？這樣才會讓男人捉摸不定，反而帶有一份神秘色彩；然後又一個女人站起來說，女人善變最多也就是情緒變化大一點，這些還不是因爲男人？更有女人甚至會說，身爲男人應該寬容一些，包容女人，這才是眞正的男人。

總是一百個女人會有一百種結論，而女人眞的善變嗎？

女人如流水，時而涓涓細流，時而澎湃洶湧。女人會因爲男人的一句語氣過重的話而傷心哭泣，也會因為男人的一句搞笑破涕而笑……這時候，男人就會感歎，女人眞是善變啊！

不過，女人由於生理問題，更年期或每個月的那幾天脾氣易煩躁，搞不清狀況的人會覺得女人莫名其妙，很容易產生衝突。這種煩躁會是定期或不定期的，致使女人成了喜怒無常的代言人。

女人會在大減價的時候瘋狂購物，看到便宜的東西就買，可是等回家仔細一看，才發現有些東西根本就不適合自己。

劉梅今天發了薪水，因為心情好，想到很久沒有購物了，於是走進一家百貨公司。

在一樓的化妝品專櫃前，劉梅看到自己喜歡了很久的酒紅色唇膏，她請專櫃小姐拿給她看。這時，櫃姐在劉梅耳邊說：「妳的皮膚很白，這種顏色適合妳。這款唇膏賣得很好，這批貨才到沒幾天，妳看，就剩下這一支了……」

不用想就知道，這支唇膏成了這次購物的第一件戰利品。來到服飾區，一眼就被劉梅發現了這件衣服，這件紫色皮草背心，去年冬天就很想買，可是那時候太貴，現在已經打到兩折，怎能錯過呢！

最後劉梅還買了一條牛仔褲，若不是因爲肚子咕咕叫，她才捨不得走呢！

回到家裡，劉梅開始後悔了，打電話給她的男朋友于鵬：「你來家裡幫我看看，我剛買了東西，卻發現根本就用不上。」

于鵬知道劉梅喜歡買東西，聽她這麼說，便笑出聲來：「呵呵，妳等我十分鐘，我正在去妳家的路上。」

于鵬終於來了，看到愁眉苦臉的劉梅：「怎麼又不高興了？說來聽聽！」

床上擺著劉梅今天的戰利品，她先拿起那件皮草背心，「你看看，現在都春天了，叫我怎麼穿啊？」然後又拿著唇膏，「今年流行紫色，而我卻買了酒紅色，怎麼辦？」

于鵬笑了，問：「這多少錢啊？」

「背心是一千二百元，唇膏是三百五十元。」劉梅嘟噥著嘴，回答。

「加起來一共是一千五百五十元，這件背心，我先幫妳收著，等天涼的時候，當禮物送給妳。這支唇膏呢，呵呵，妳就當是我不瞭解流行趨勢，買給妳的好了！」于鵬一邊說，一邊拿出皮夾，「給妳一千五百元，還剩下五十元，就當我回去的車錢囉！」

劉梅原本鬱鬱寡歡的臉立刻笑容洋溢。

「高興了吧？走，陪我喝杯咖啡。」于鵬拉著劉梅便往門外走。劉梅眞的非常開心，可是又覺得不對，他剛才不是說只剩五十元嗎？怎麼還有錢喝咖啡呢？

女人明知電視中的瘦身廣告不可信，還是會買來嘗試一下；女人會因爲男人的一句批評，而丟棄一件很適合的襯衫；女人會因爲男人忘記自己的生日，而耍性子好幾天；女人會把事業處理得井井有條，卻不能在愛情中保持冷靜；女人明知道自己夜裡會害怕，卻還要坐在沙發上等男人的電話……

男人都說「女人是善變的」，不過，善變的女人也只有一顆心，陰晴圓缺只是女人的萬種風情。前一秒鐘還是晴空萬里、風和日麗，忽然就颳起一陣狂風，要不就下一場暴雨。陰晴不定，這是男人形容女人最好的辭彙。

女人是善變的，也是專一的。女人一旦決定付出自己的感情，便會死心塌地的對男人好，所以女人也是最容易受傷的。女人的善變也說明了她們的心事如雲，用她們不定的陰晴訴說她不同的心情。即使外表再堅強的女人，始終有著一顆脆弱、柔情的心。

女人為什麼愛發牢騷

女人爲什麼愛發牢騷？多多少少都是因爲心情不佳，她們並不需要別人說些什麼，她們只想給自己的疼痛一個出口。

「女人眞愛發牢騷，有時候被她搞得莫名其妙，唉，女人爲什麼這麼愛發牢騷呢？」這是很多男人爲之感到苦惱的問題。

不少女人即使面對初見面的人，也可以發出一大堆不必讓對方知道的牢騷，而男人是絕對不會這樣做的，所以覺得女人的這種行爲讓他們難以理解。不可否認，男人偶爾也會發發牢騷，但程度絕對比不上女人。

面對女人不知所以的牢騷，男人感到手足無措，只能看著天空嘆氣。上帝啊！能不能告訴我這到底是爲什麼呢？

有一天，艾倫向男友吉米抱怨，家裡養的牧羊犬比爾，全家人只有自己願意爲比爾洗澡，兩個弟弟只會和狗玩，洗澡的事卻袖手不管，所以艾倫幾乎每隔一兩天，就必須爲比爾洗澡，這讓她覺得好累，而且還覺得不公平。

吉米好不容易等艾倫絮絮叨叨地把事情說完，也覺得艾倫有些委屈，「那妳就不要常常幫牠洗澡，不就行了？」

艾倫一聽吉米叫比爾是「牠」，立刻反駁說，「第一，牠是誰？狗也是有名字的；第二，你的方法不行，如果這樣，比爾就會長跳蚤，說不定還會得皮膚病。」

吉米先不和艾倫爭論狗的名字，他說，「妳就叫兩個弟弟一起輪流洗啊！」

「哎呀，你不知道，我們家男生是不做家事的，這種事他們從來不做。」

「那妳乾脆把比爾送人好了，省得麻煩。」吉米提出自己的建議。

「怎麼可以？比爾那麼可愛，爲什麼要送人？」艾倫嘟著嘴說。

吉米有些受不了了，口氣不悅地說，「我這麼說也不行，那麼說也不對，那到底要我怎麼幫妳？」

艾倫聽了，本來就不是太好的心情，猶如跌落萬丈深淵，「我只是跟你抱怨一下而已，你幹嘛這麼沒有耐心，還叫我把比爾送給別人！」

「好啦，好啦，別吵了，我不管妳了。我們居然在爲一隻狗鬧彆扭，看來我還不如妳們家的狗呢！」吉米也氣不過，急得說了氣話。

艾倫聽吉米這麼說，憋了好久的淚水再也忍不住了，吉米搞不懂這有什麼好哭的，於是沒有去哄艾倫，艾倫就一個人在那裡流著傷心的眼淚。

艾倫為什麼會把這些牢騷說給吉米聽？因為她把吉米當作是自己最親近的人，覺得吉米可以讓她依賴。吉米不管提出什麼樣的建議，都得不到艾倫的認同，這也是讓他弄不明白的地方。吉米太理智了，他在想辦法解決問題的同時，並沒有顧及到艾倫對牧羊犬比爾的感情，自然也就顧及不到艾倫此刻的心情。其實，艾倫只是想宣洩心中不悅，但是吉米給的都是很直接的建議，教她怎麼解決問題，而沒有給她言語上的同情與安慰。

女人為什麼那麼愛發牢騷，這與女人身處的社會環境有著直接關係。大多數女人雖然由家庭走入了社會，但不變的是她們依然以附屬於男人的形態生存著，在精神方面也還是無法獨立。

小孩子會突然大哭起來或發脾氣，令身邊的大人不知所以，從這一點看來，女人與小孩子有很多相似之處。當小孩發現事實與自己的願望不符時，例如，想要某件東西但沒有得到，就會突然大哭或發脾氣。女人的發牢騷、哭訴具有相同的含義。孩子的哭泣，或許是本能使然，或許是得自於過去的經驗，他們知道只要哭泣或使性子，大人就會原諒他們的錯，或是實現自己的要求。女人的發牢騷與此異曲同工。

不過，令很多男人無法理解的是，女人會和首次見面的人發牢騷，這又是爲什麼呢？

李太太家裡新請了一位家庭教師，第一次見面，李太太就和家庭教師說起自己家中諸多煩心事：你看看我們家，是不是挺不錯的？表面看是挺好，可是，我卻覺得壓力很大，我和我先生都有不錯的工作，收入也很可觀，可是我們兩個都太忙了，孩子沒人帶，本來想請婆婆幫忙，可是老人家說在鄉下待慣了，不願意來。唉，我先生就希望我把工作辭掉，專心帶孩子，這怎麼可以？房屋貸款還要兩年才能還完，我去上班總多一份收入……

李太太坐在那裡說了很多，家庭教師是一個大學生，不知道應該說些什麼，不過她感覺李太太並不需要她說什麼，只要適當的附和幾句就可以了。

等李太太說完之後，自己也感到有些唐突：「妳可別見怪，我也不知道自己怎麼和妳說了這麼多，我只是發發牢騷。」

不過，李太太覺得自己似乎輕鬆了許多，還和家庭教師說「謝謝」。

女人發牢騷，很多時候只是在宣洩，這時候的女人心中必然有埋藏已久的不滿、委屈或憤怒等等難言之隱，累積到一定程度就會飽和，這就是為什麼女人會和初次見面的人發牢騷的原因。

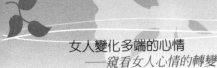

男人該如何瞭解女人

「女人心，海底針」，要瞭解女人，就要有如針般細的心思。

「明天是不是休息啊？」女人問男人。

「嗯，明天不上班。」男人一邊看著報紙一邊說。

「也就是說，你明天有時間了？」女人很高興，心想男人可以陪她去逛街了。

「對。」男人繼續看著報紙。女人不悅的說，「洗手間裡的手龍頭壞了，你明天修理吧！」

「好，記得再提醒我一次。」男人放下手中的報紙，拿起遙控器，正想看新聞。

「我不止提醒過你一次，我已經提醒過你很多次了，你都不記得。」

「好了，我說我明天會修理了，妳還囉嗦什麼啊！整天發牢騷，妳煩不煩啊？」

「我發牢騷？我發牢騷你都記不住，我要是不發牢騷，你是不是想讓我永遠用洗臉盆接水啊？」女人很生氣。

「妳有完沒完啊？妳就不能讓我清靜一會兒，唉……」男人說完，起身走了出去。

男人總是說，「我老婆什麼都好，就是愛嘮叨，發起牢騷來眞叫我受不了。」女人則會說，「誰叫男人一點耐心都沒有，怎麼不想想我爲什麼發牢騷，就不能多點理解嗎？」

男人問女人，「我都說明天修理水龍頭了，也就是說事情已經解決了，妳爲什麼還嘮叨個沒完啊？」

「你以爲我想嘮叨啊？我是生氣，人家本來還想明天你可以陪我逛逛街什麼的，誰知道你一點表情都沒有。還有，水龍頭很久之前就開始漏水，你竟然都沒察覺，眞是的。」

男人似乎感覺自己有些不對，「妳要我陪妳逛街，直接說就好了嘛！」對於水龍頭的事情隻字未提。女人笑了，她知道男人意識到自己的不對，於是說，「那我們明天去逛街。」

其實，如果男人一開始能多問一句，「妳是不是心情不好啊？」女人就會把心裡想的事情告訴男人，減少很多不必要的誤會。

男人不像女人那麼心細，很多時候都察覺不到女人的心理變化，如果能多從女人的角度思考問題，就會理解女人當時的心情了。

李麗最近工作不太順心，有一天下班回家後，向先生抱怨上司對她口氣不好，不給她好臉色看，也常挑剔她的報告寫得太差……

「妳是不是經常遲到？還是哪些事沒做好？」先生一副分析事情的口吻說：「以後妳早點去上班，就不會老是趕著打卡；下班晚一點走，上班也不要一直跟別人聊天，老闆就會看見妳的表現，對妳比較好了！」

「你到底關不關心我？你不會安慰我就算了，也用不著指責我。」李麗很生氣的說。

「我就是關心妳，才會想幫妳找出問題在哪啊！眞是狗咬呂洞賓，不識好人心！」先生委屈地說。

有時，女人的抱怨、嘮叨是不需要男人來幫她解決的，她的訴苦、埋怨、發牢騷，只希望親密的人耐心傾聽，或希望對方能理解她的心情和苦衷。然而，男人的思路卻常常傾向於解決問題，於是就會主動教她如何化解難題，以至於讓女人產生被嫌棄，或男人不願聽她訴苦的錯覺。

女人只希望男人能理解她。男人的理解對女人來說很重要，會讓女人覺得還有一個人在背後支持她、關心她。

女人在生活中遇到壓力時，開始的時候也像男人不會說出口，但是長期鬱積在心裡就會危害身心健康，而適當地發點牢騷可以緩解女人的壓力。

尤其身爲職業女性，如果在工作中遇到煩惱的事情，適當地找人發發牢騷，可以避免不必要的壓力累積。反之，如果她在感到憤怒的時候，因顧慮種種因素，敢怒不敢言，長久累積就會造成情緒的壓抑，有可能演變成身體上和心理上的疾病。

女人適當的發發牢騷有兩方面的積極意義。其一，適當地發牢騷能使女性發洩不滿情緒，緩解精神壓力；其二，提高人體腎上腺素的分泌，有助於防止抑鬱。

如果男人能考慮到女人的抱怨，只是宣洩不愉快心情，而且發發牢騷還有利於身心健康，那麼男人就大度一點，讓女人適當的發牢騷吧！

女人發牢騷，男人該怎麼辦？

如果男人能考慮到女人的抱怨，只是不愉快心情的宣洩，而且發發牢騷還有利於身心健康，那麼男人就大度一點，讓女人適當的發牢騷吧！

女人發牢騷的時候，男人通常會容忍，但是如果沒有把女人的這種牢騷當一回事，而表現出一副無所謂的樣子，女人會進而動怒，讓男人感覺莫名其妙、不可理喻。

那麼，女人在發牢騷的時候，男人應該怎麼做？

劉曉梅是職業女性，擁有很多男人所沒有的果斷、理智、心細，工作表現一直不錯，工作兩年之後，被提升為部門主管。

這本來是件好事，可是劉曉梅卻感覺工作壓力很大。

她的男朋友在大陸工作，兩人談著遠距離戀愛。半年後的一個清晨五點鐘，他就被她的電話叫醒。她掌管的部門陷入困境，壓力大得幾乎要崩潰，一夜未睡，只剩絕望，如果不找人說說，肯定會瘋掉。

他不說話，等著她發完牢騷，問，「要我過去嗎？」

「沒事了，找你發發牢騷就好多了，我一會兒洗個澡就會去上班。」劉曉梅眞的覺得輕鬆了許多。

男朋友在電話那邊說，「嗯，那妳好好化個妝，別讓同事看見妳的熊貓眼。我週日回去看妳。」

掛上電話，劉曉梅覺得自己又有了動力。還好，這個世界上有一個他懂自己。

女人發牢騷的時候，只是想要傾訴，她們需要把心中的不快說出來。在這種情況之下，男人不需要給女人任何建議，只要認眞地傾聽就好，像故事中劉曉梅的男朋友那樣，讓女人盡情宣洩，說完了之後，用一些俏皮一點的話哄哄女人，女人不但一掃之前的不開心，還會很感激他，覺得即使天塌下來，還有他給她撐著。

當然，這需要依照具體情況而行，並不是每次女人發牢騷的時候都管用的。

約會時原本快樂的女人，突然怏怏不快，男人左思右想都猜不透是怎麼一回事，於是開口問她：「妳是怎麼了，剛才還好好的，怎麼一下子就不高興了？」

女人頭一撇，什麼也不回答。

此時男人的內心開始感到不安，思索自己剛才有沒有說錯話什麼的。

女人終於開口：「剛剛在咖啡店裡，你一副色瞇瞇的樣子看著那個女人，眞的很討厭！」

男人開始回憶在咖啡店裡的情景，沒錯，自己是看了一個女人，但也不是色瞇瞇的啊！覺得女人眞是莫名其妙，但他爲了平息她的怒氣，只能賠不是，女人卻還是充耳不聞，繼續使性子。

在這種情況下，男人再怎麼竭盡所能地解釋，都是徒勞無功。其實，女人所在意的，並不是男人對其他女人有無興趣而多看了一眼，只是不能容忍男人在跟自己約會卻去注意其他女人，這是不管男人怎麼解釋都沒有用的原因。

在這時，女人要求的只有一點，那就是想從男人的口中聽到「妳比那個女人漂亮一百倍」這句話，以確認自己在男友心目中的地位。

有些女人經常會將「我是個很差勁的女人」掛在嘴邊，她們不惜在男人面前故意貶低自己，目的就是要男人說出一句：「妳一點也不差勁。」這不只是要對方否定自己的說法，還希望對方能承認自己的魅力，這是更深一層的強烈願望。女人的這種心理，不外乎是以反論的姿態來求取肯定，就是藉著貶低自己來顯示自己。

男人或許會認爲，這麼深的用義，我怎麼能瞭解啊？不能瞭解，怎麼會知道該怎麼做啊？

其實，眞的不難。男人大可以把自己放在女人的位置上，假設這句是你說的，那麼，你希望得到怎樣的回答呢？這樣的換位思考很有利於解決問題，也能明白女人這麼說的用意何在，自然知道該怎麼應對了。

女人風暴

如何協助女人走出情緒低潮

男人會說，不全對，女人發起脾氣來，那就是一個——可怕！真的有那麼恐怖嗎？誰都有心情不好的時候，心情不好自然會發脾氣。可是女人發起脾氣來沒完沒了，讓人不知道該怎麼辦才好。

這只能說男人不瞭解女人，女人會有情緒化波動，而且這種波動還是週期性的。不要只是看到女人發脾氣，也要搞清楚女人怎麼會有這種情緒化的波動，這樣，男人就會更加瞭解女人，也就會知道，當女人處於情緒低潮的時候，應該怎麼做才能幫助女人走出低潮。

女人的情緒化

女人的情緒化表現猶如天氣一樣，有時候晴空萬里，彩雲朵朵；有時候陰霾一片，烏雲密佈，接著便會急轉直下，閃電雷鳴，狂風暴雨，可是沒過多久，彩虹出現，又恢復了晴朗。

情緒化爲女人的一大顯著特徵，「晴時多雲偶陣雨」就是形容女人的情緒化。還有一種說法：女人一生氣，生意人就發笑。很多女人有情緒消費傾向，一不高興就瘋狂購物。在購物的過程中，由於注意力轉移，女人才可以控制自己的不良情緒。

女人的情緒經常在不經意間就會表現出來，很多時候她們自己並沒有感覺到，但是會讓周圍的人很難堪。

這天，大家整整忙碌了一週，好不容易把工程搞定，於是便約好一起吃晚餐以示慶祝。點完餐之後，才發現所有的人都來了，唯獨少了琳達。打電話催了好久，琳達才來。這時候，大家都吃得不亦樂乎，她的臉色立刻一沈：「你們也太欺負人了，故意的吧，不是故意也應該等等我呀！」大家嘴裡的菜還沒來得及下嚥，一臉茫然，相互對視著沒敢多吭一聲。

女人的情緒化，讓男人經常覺得四面楚歌，發現自己織起的網千瘡百孔。一個眼神一句話，一個不經意的小動作，都可能無意中傷害到她。

女人愛嘮叨，也是一種情緒化的表現。有時候，女人想要把自己的觀點表達出來，但是又不會用適當的方法去控制自己的情緒，把事情搞得一團糟，最後與自己的用意背道而馳。

女人提醒男人說：「今天的天氣不太好，你帶把傘！」

男人看了看外面的好天氣：「不用了，不像是會下雨的樣子。」

「還是帶著吧，有備無患嘛！」

「不會下雨的，不用帶了，多麻煩啊！」

沒有得到男人的同意，女人有些生氣了，「有什麼麻煩？不就是多了把雨傘嗎？」

「我說不帶就不帶，妳煩不煩啊？」

「好，你不帶，昨天天氣預報說今天下午會下大雨，到時候淋成落湯雞，別怪我沒告訴你。」

女人還很容易受外界的影響，而且比男人的感受要靈敏得多。

日本作家芥川龍之介寫的小說《手巾》裡，描述了一位剛失去孩子的母親，去拜訪孩子導師時的情景。

這位母親的神情看起來有些淒涼和悲傷，卻很溫和鎮靜，臉龐和嘴角上依然有淺淺的微笑。

當孩子的導師對這位母親的自制力感到敬佩時，卻發現她的眼光轉向了地板沒有人注意的地方。接著，導師看到了這位母親顫抖的雙手，手中還有揉得很爛的紙巾……

那位母親雖然極力想克制住自己極度的悲傷情緒，但，情緒的痕跡還是很容易被人察覺。

壓力無處不在，即便沒有壓力，壞情緒也會不分時間、地點說來就來。女人在這時候，就會有情緒的波動，前一秒鐘還鎮定自如，後一秒鐘就會用手指抓起一縷頭髮，舞弄起來，神情索然，其實她們是在克制著自己的情緒，不想發作。

當女人用手抓著自己的頭髮或者玩弄衣角的時候，表明她感到無所適從或者遇到困難無法解決，她們失望困惑。這些都是女人情緒化的表現。女人看電視的時候，跟著劇情的發展，一會兒「咯咯」的笑起來，一會兒又感歎劇中人物不幸命運而傷心落淚，這一連串的情緒化表現常會讓人感到匪夷所思。

女人也會掩飾自己的情緒，但只要仔細觀察，還是會發現，特別是衣服的顏色、款式以及髮型。心情不錯的時候，她們會把自己打扮得很漂亮，衣服的款式也會活潑、明快很多，走到哪裡都成爲人們注目的焦點；而當心情不好的時候，雖不至於蓬頭垢面出來見人，不過裝扮上就不那麼引人注目，她們不希望別人注意到自己。

如果要給每一個女人做一張情緒變化的曲線圖，那麼這張曲線圖會是世界上最罕見的景象，那曲線的變化幅度會讓人難以想像。因爲女人總是想把自己內心的感受表現出來，她們之所以容易受到外界的影響，是因爲女人常常想藉助情緒更充分的發洩自己內心的情感。

男人對情緒化的反應

不管不聞不問或感到煩躁而發火，還是挖空心思地想要幫助女人解決問題，都說明男人還是很在乎女人的，只是他們不能夠瞭解女人這種情緒化波動究竟是因爲什麼而起，有的男人甚至感覺自己無能爲力，不能讓女人開心。

男人對於女人情緒化的表現，會感到有些「神經質」而極不耐煩，不是默不作聲，任由女人發洩，就是一個人離開，對女人不聞不問。在這個過程中，男人也不好受，只是他們對於女人經常表現出的情緒化感到無可奈何，爲了避免爭吵，不得已而爲之。

羅伯特工作了一天回到家中，發現太太希爾頓又在打掃環境，他記得前天希爾頓才剛剛做了一番徹底的清理。

羅伯特便問：「妳前幾天不是才打掃過了嗎？怎麼又在打掃啊？」希爾頓對於羅伯特的話似乎充耳不聞，臉上沒有任何表情，仍舊繼續著手中的工作。

羅伯特感覺有些不對勁，放下公事包，走了過來，阻止希爾頓繼續做下去，很關切的問：「發生什麼事情了？」

希爾頓神情沮喪地看著羅伯特，「沒事啊，我就是覺得不太乾淨，反正閒著也是閒著。」

羅伯特察覺到希爾頓又陷入了情緒化低潮，否則不會是這樣。

羅伯特感覺自己很累，爲了避免爭吵，他說：「好吧！妳想做就做吧，別太累就好了。」

說完這句話，羅伯特就坐在沙發上看電視。

有不少男人覺得女人的情緒化，完全是因自己的行爲引起。當女人高興的時候，男人會認爲這是他的功勞；而當女人表現得很焦躁、情緒落差很大的時候，男人覺得自己應爲此負起責任，男人可能會因爲不知如何是好而陷入極大的挫敗感中。

前一分鐘女人高興，男人相信是因爲自己做得好，但下一分鐘，女人卻不高興了，這使得男人既氣憤又震驚，因爲他一直以爲自己表現得當，怎麼也沒想到她會突然不高興。

史密斯和茱麗葉結婚六年了。在這六年裡，茱麗葉的情緒化讓史密斯感到十分困惑。史密斯一直試著改變茱麗葉的情緒化，結果卻越弄越糟，他嘗試著向茱麗葉分析問題究竟出在哪裡，並表示不需爲此難過，結果卻只是徒增茱麗葉的苦惱與沮喪。

史密斯認爲自己是在解決她的煩惱，但實際上卻是反其道而行。這令史密斯感到很無奈也很茫然，他開始覺得自己並不瞭解自己的太太。

茱麗葉會連續幾個禮拜扮演最稱職的女人，無論在大事還是小事上，都讓家人感受到她的愛；但是她又會突然爲自己所做的事感到手足無措，並且開始不斷的否定自我。

史密斯像許多男人一樣，錯誤的嘗試阻止女人的情緒化，他想拉她一把以拯救她，不想看到她痛苦，卻是越做越錯。茱麗葉情緒低落的第一個徵兆，是她表現得手足無措，但是史密斯沒有認眞地聽她說話，反而以男人慣有的邏輯思維方式想要幫茱麗葉解決問題，企圖把她從情緒化的低潮拉出來。

其實，男人很怕女人陷入這種情緒化的低潮當中，只是他們不知道應該做什麼來改變女人的這種狀態。不管不聞不問或感到煩躁而發火，還是挖空心思想要幫助女人解決問題，都說明男人還是很在乎女人的，只是他們不能夠瞭解女人這種情緒化波動究竟是因爲什麼而起，有的男人甚至會感覺自己無能爲力，不能讓女人快樂。

情緒化中循環式的交談和爭吵

在女人的情緒化波動當中，男人與女人很容易發生循環式的談論與爭吵，男人覺得女人不信賴自己，而女人也覺得自己很委屈。

人們在心情不好的時候很容易發脾氣，如果遇到能體諒的對象就能化解事情；但如果遇到的是無法理解的人，就會發生爭吵。當女人處於情緒化低潮的時候，男人若只是感覺女人無理取鬧的話，那麼爭吵就是必然的。只要一方挑起戰爭，另一方肯定也要參與到底。

他們會因爲一點小事，逞一時之快而相互羞辱。於是，吵架成了家常便飯。

但是，爭吵並不能解決問題，而且爭吵時間越長，對女人的情緒影響越大。

有些女人在情緒化的時候，往往會怪這怪那。她們總是挑毛病，把壞情緒的原因歸咎到男人身上。她們會把「你怎麼這麼……」做爲每一句話的開場白。比如：「你怎麼這麼煩人」，「你怎麼這麼的讓人討厭，我快受不了你了」，「你怎麼這麼霸道，有沒有考慮過我的感受……」

美麗的安娜剛結婚不久，和她的老公外出度蜜月。她的老公臨走前忘記繳電費，電力公司就把停電通知單送到他們的度假小屋。安娜的脾氣發作了：「你怎麼不負責任？你怎麼那麼笨？你怎麼那麼健忘？你怎麼那麼馬虎？」

幾週之後，安娜也發生了類似的事情。當他們度假回家之後，發現報紙堆在家門口，把信箱滿滿的封住了。她忘記通知停送報紙了。

安娜的老公此時終於找到了反擊的理由，「妳不是也不負責任嗎？妳不是也那麼馬虎嗎？妳不是也不聰明嗎？妳不是也和我一樣的健忘？」然而，安娜沒有責怪自己，只是在給自己找理由。「不要不講道理。你也知道我很忙，我有很多的事情要做，走的時候又太匆忙，所以一時沒有想起來。」

當冷靜下來的時候，他們才發現，兩個人原來只是圍繞著那一句話，反覆的責備對方，對自己所犯的錯誤都不承認，反而把所有的責任都推到對方身上，吵來吵去，還是沒有結果。

有的女人在爭吵的時候還會翻舊帳，把陳年往事也牽扯進來。所有的不愉快，無論大的、小的、過去的，還是現在的都會全部捲進來。她們總是吵來吵去，乍聽起來說的都不是同一件事情，但主題都不變，不外乎一些家務上的瑣事。就像蛋糕一樣，雖然蛋糕有奶油的、巧克力的、鮮奶的、霜淇淋的，但無論蛋糕的口味怎麼變，裡面的核心都是麵粉。

女人與男人的爭吵雖不是以相同的方式開始，卻都是以相同的方式結束。這種循環式的談論與爭吵，使得男女雙方都深深感到疲憊。有些女人的情緒化波動是具有週期性的，甚至連她自己都沒有察覺到，在情緒高峰的時候，她們會表現得很積極，這種積極的表現在任何事情上都會體現出來；而當她們跌入情緒化低潮時，她們會徹底否定自己，表現得很消極，強烈缺乏安全感。

路易士遇見蘇珊的時候，對蘇珊的魅力深深傾倒，尤其是蘇珊對於生活充滿信心的態度，讓路易士感到自己找到了人生的另一半。路易士對蘇珊示愛，蘇珊也同意交往，當時她正處於情緒波動的高峰，開始交往後，蘇珊對湯姆的愛慢慢滋長。

在這個過程中，路易士感受到蘇珊對自己的愛，他感覺自己的人生終於圓滿了。

可是沒過多久，蘇珊感覺自己很脆弱、佔有欲很強，變得沒有安全感，她要求路易士給予她更多的關注。

這是蘇珊跌入情緒化低潮的開端，但路易士不明白蘇珊為什麼會有這麼大的反差。他很耐心的與蘇珊討論這個問題，經過好幾個小時熱烈的討論之後，蘇珊覺得舒服多了，路易士也再度向她保證他的愛與支持，蘇珊又開始往情緒化高峰上爬了，路易士心裡才鬆了一口氣。

路易士認為已經成功的解決了問題，但是一個月之後，蘇珊又再度失落，和上次一樣有相同的不安全感，這次路易士失去了耐性，他覺得自己一個月前已向蘇珊保證過他的愛與支持，但她卻不相信他，這使路易士覺得很沮喪。路易士出於自我防衛，開始批評蘇珊，要求蘇珊應該信賴他。蘇珊需要路易士再次保證，結果卻引起了一場爭執。

在女人的情緒化波動當中，男人與女人很容易發生循環式的談論與爭吵，男人覺得女人不信賴自己，而女人也覺得自己很委屈。

女人的情緒化是怎麼來的

四成的女人是由於情感、婚姻的問題導致自己的情緒化，約二成五的女人覺得自己的情緒化反映了職場壓力，而感覺情緒化表現來自於人際關係壓力的女性有一成六，此外還有來自經濟、健康等方面的問題。

相對於男性而言，女人更容易「鬧情緒」，七成的女性認爲自己「是一個情緒化的人」。那麼，女人這種情緒化是怎麼來的呢？

四成的女人是由於情感、婚姻的問題導致自己的情緒化，約二成五的女人覺得自己的情緒化反映了職場壓力，而感覺情緒化表現來自於人際關係壓力的女性有一成六，此外還有來自經濟、健康等方面的問題。

有不少女性覺得最易生氣的對象是家人，而每天都會生氣的對象是同事；也就是說，女人最容易在重要的、親密的關係中產生衝突、鬧情緒。

細膩的心思使得女人很容易受到外界影響，甚至將所有的情緒都明顯表現出來。主要的原因是女人的心理素質不像男人那樣，有著十分明確的劃分。大多數男人如果遇到心理上的問題，很可能自己在心裡私下解決，而不會表現出來。女人則不同，她們在心理上受到打擊時，不但內心感到失落和徬徨，外表也顯得憔悴和惆悵，於是就見花愁見草悲。

這些情況很容易導致女人的情緒化，女人的情緒化可以說來就來說走就走，時而晴轉多雲，時而雨過天青。

還有一些女人喜歡沉浸在自己的夢幻世界裡，而這些夢幻世界大多是她們自己虛構出來的。

女人比男人更具有幻想力，幻想幾乎成為有些女人生活的全部。女人比男人更容易接受來自心理的暗示，不管來自別人的還是來自自己本身的各種心理暗示。

藝術家在精神和氣質方面與常人不同，而女人和藝術家是比鄰的，甚至就是相同類型的人，她們有藝術家那種隨心所欲的能力，可以隨時扮演某種角色，或者沉浸在角色中。

這些女人永遠只在自己設定的角色中徘徊著、盤算著，或者是幻想著。任何人不能打擾她的幻想，即使是勉強把她從她的角色中拉出來，過不了多久，她還會不由自主的回到她的角色當中。

藝術家的自我暗示能力很強，所以他們在很多方面根本不適合生活在現實社會裡。而女人的心理暗示，其實就是她們在生活中實現情感幻想，這是她們生活中的一部分。當她向你訴說自己虛幻中的「白馬王子」，她並不是要騙你，在她的心裡，她比任何人都願意相信那個「白馬王子」是眞的，而且是無比的眞實。

女人一旦進入了她們自己的虛幻當中，便會毫不猶豫的順著自己編織的夢幻劇情扮演下去。她們自己根本不能分辨什麼是偶然，什麼是必然，她們只會感覺自己眼前的一切都是事情發展的必然。即使自己的角色被替換了，她們還會在自己的幻想中持續一段時間才走出來。

女人的這種情緒化，往往會造成說風就是雨的個性。她們這樣的不理智，經常讓自己後悔莫及。她們對自己所做的事情感到後悔時，情緒化表現更明顯，並且會影響她們一段時間。有時，她們連購買了一件很普通的東西也會後悔。比如買了一條裙子，買的時候歡天喜地，可是等她坐上回家的車時，便開始後悔，開始自言自語的嘀咕了

——你看，這裙子的顏色是不是太豔麗了呢？這個口袋是不是太大了呢？我穿這個樣式不會不合適吧？我該怎麼穿出去呢？她回到家趕緊換上，在鏡子前左看看，右看看，上看看，下看看，越看越不順眼，於是，她便堅定的踏上路途，再次擠上公共汽車，再次回到買裙子的賣場，立即退貨。隨後，便又挑選衣服去了……

當女人處於情緒化低潮的時候，她們不會運用理智去思考實際的問題，卻常常抱怨。她們自己缺乏眞正有意義的見解，總是想著錯都在別人身上，自己是唯一正確的。

如何對待情緒化的女人

女人的情緒化表現是具有週期性的，男人需要包容女人的情緒起伏，多給予女人愛與支持。男人的支持是她由衷感激的禮物，女人會逐漸從過去的影響中解脫出來，雖然仍會有起伏，但不至於過度掩蓋她愛人的天性。

女人的情緒化波動猶如波浪一樣潮起潮落，女人就像波浪般，當她身處在愛中，她的自尊會如波浪般起伏；感覺好時，她抵達浪峰，情緒低落時，便跌落波底。

特別是男女人關係中給與和接受愛的能力，正是她自我感覺的反映。當她對自己不滿意時，她絕不能接受或感激男人。在情緒化波動低潮時期，女人會有不知所措的傾向，會變得比較脆弱，需要愛，這時也正是男人瞭解女人需求的好機會。

很多男人會在女人情緒化的時候，給與女人很直接的、具有建設性的意見，他們希望能幫女人走出情緒化低潮，但是結果往往會令男人失望，因爲這樣非但沒有任何作用，反而令女人更爲失落和沮喪。

當一個女人難過或是很情緒化時，她可能揮舞手臂、亂哭亂叫，不停地用富有感情的形容詞講訴自己的感受。她需要被照顧、關心和傾聽。但男人卻只會按照自己的思維打斷她，認爲她的哭是在說：「請救救我，幫我解決問題吧！」

男人不是去保護和安撫她，而是提供建議，問她到底怎麼了，告訴她不要再難過了！

男人說這些的時候，女人的臉色非常難看，「妳反應過度了，事情並沒有妳想像得那麼壞！」對女人來說，情緒化的表現是一種交流方式，她可以很快恢復並忘記它，但男人會感到自己對女人的問題有責任，並需要爲她找到解決的辦法，否則，就會認爲自己很失敗。

其實，女人跌入情緒化低潮的時候，她們所求的並不是男人給予意見或建議，女人需要男人伴著她，分享她的感覺，並對她的經歷感同身受。就算男人不能全然瞭解女人爲何手足無措，也可以給她愛以及更多的注意與支持。

趙尉在太太劉娟陷入情緒化低潮時，就一直陪在太太的身邊，劉娟會一直說一直說，趙尉在一旁很認眞的聆聽，並不時地遞給太太一張面紙。

在趙尉用心聆聽的過程中，他發現劉娟似乎也放鬆了很多，他分享到很多劉娟不願說的事情，但是，趙尉感覺劉娟好像又漸漸難過起來，好像他越聽她越難受。

趙尉告訴劉娟，「不需要這樣，妳說出來就會沒事了。」他不忍心看到劉娟這麼傷心，他希望劉娟能好起來，但是，劉娟並沒有趙尉想像的那麼快就好起來，這令趙尉開始深深自責。

當女人開始被低潮淹沒的時候，沒有男人想像的那麼快就好起來，這需要一個過程。男人的支持與瞭解會幫助女人更快跌入底部，並加快轉好的速度，但是，女人需要先沉入低潮的底部之後才能慢慢上升，這是女人情緒化表現的週期。

當女人處於情緒化下滑的時候，正是她情緒大掃除的時候，如果得不到情緒大掃除的發洩，女人會慢慢失去愛與被愛的能力，壓抑感會使她的情緒化波動受阻，而逐漸缺乏熱情，甚至失去愛的感覺。

有許多從不吵架或爭論的夫妻，會突然決定離婚。這樣的情況，大部分是女人爲了避免吵架，壓抑自己的情緒化表現，結果日積月累下來，漸漸對愛情感到麻木而感受不到愛。這種壓抑會連帶扼殺了正面感覺，此時，愛情便宣告死亡。避免爭論和吵架是好事，但不是透過壓抑情緒化表現來避免衝突。

女人在情緒化低潮的時候，會沒有安全感，於是避免親密與性愛，或用飲酒、暴食、過度工作或過度關心來壓抑麻木的感覺。即使是耽溺於某些事物中，女人週期性的情緒化跌落，又會不受控制地爬升上來。

男人的愛與支持無法永久解決女人的情緒化問題，但是男人的愛卻可以讓女人安全地往情緒化低潮探底。

當女人跌入情緒化低潮的時候，特別需要和別人談論問題、需要被傾聽與瞭解。爲了讓女人更快的走出情緒化低潮，男人應該支持女人，而不是阻止她往情緒化低潮發展，男人的支持能幫助女人度過難關。

當女人情緒的波浪升起時，她覺得自己可給人豐富的愛，但是當波浪跌落時，她的內心空虛，需要愛來塡滿，跌落底點時也是她情緒大掃除的時刻。女人跌落情緒化低潮之後，她們有能力自己爬升上來，男人不需替她解決這個問題。

這時候，女人並沒有崩潰，只是需要男人的愛、耐心與瞭解。

女人在情緒低落的時候，她們意識到正沉入未知的自己，沉入無邊黑暗的感覺。女人會有一大堆難以解釋的情緒和含糊不清的感覺，會感到無助、孤單、沒有人支持。但當她處在低點時，若感覺到愛與支援，就會自動上升，並再度散發愛。

女人的情緒化表現是具有週期性的，男人需要包容女人的情緒化起伏，多給予女人愛與支持。男人的支持是她由衷感激的禮物，女人會逐漸從過去的影響中解脫出來，雖然仍會有起伏，卻不至於過度掩蓋她愛人的天性。

女人與「小氣」的淵源

理解女人在生活中的表現

小氣其實不是女人的缺點，而是女人的特徵。這也不是女人的錯，沒有女人的小氣，又哪來男人的大氣？因此男人應感激女人，不該計較女人的小氣。

男人都說女人小氣，有些女人也說女人小氣。其實女人應該小氣，因為小氣是上帝為女人設計的一種程式。小氣使女人更像女人，如果女人不小氣而男人小氣，女人就會變「強」，男人就會變「弱」。細細品味女人的小氣，會感到這小氣為生活平添了不少顏色，假如女人不小氣，生活肯定不會像現在這麼五彩繽紛。

女人在命運中扛起了小氣的擔子，男人就應該擔起大氣的責任，這就是日與月，陰與陽，男與女共存於這個宇宙的奧秘！

小氣為女人

女人的小氣與生俱來。因爲女人的小氣，才讓男人看到了節儉的美德，懂得生活的艱辛。

如果男人敢在女人面前大聲地說：「妳們女人就是小氣！」恐怕這個男人會被罵得一塌糊塗。這也反映了女人小氣的一面。其實女人就應該小氣點，想想看，假如一個男人小氣的話，肯定沒有人會喜歡他。這樣，女人的小氣也襯托了男人的大氣，更爲生活增添了很多顏色，才讓生活變得五彩繽紛。

很多女人會在買東西的時候討價還價，過程中，賣家一點點的把價碼往下降，最後女人以很便宜的價格買下來。當女人歡天喜地走出去的時候，賣家則會在背後小聲嘀咕，「這個女人眞小氣！」即使聽到了，女人也不以爲然，想想賣家最初的價碼，再想想最後自己買下來的價碼，就會萌生強大的成就感。

而男人礙於面子，買東西的時候，店家說多少，就乖乖把皮夾裡的錢拿出來。於是同樣的一件商品，女人買回來的總是比男人買回來的便宜，所以很多男人會把錢交給女人管理，讓她們負責家計。

女人由於要控制家裡的一切支出，因此會不惜大費口舌說服別人，讓別人千里迢迢給她帶來比本地只稍稍便宜點的東西；會把很久以前穿過的衣服再翻出來繼續穿；會為了一件破了缺口的器皿想上半天，是否還有其他的用處而不捨得扔掉；會把家裡暫時用不上的東西堆積成山，而不想丟棄……女人會精打細算家裡的米能吃到什麼時候，還會用洗菜的水沖馬桶。

男人會說，這些還不叫小氣啊？然後就會有女人反駁，這叫節儉，怎麼能叫作小氣呢！有本事，你去用便宜的價格把東西買回來，讓我看看啊？男人被反駁得啞口無言。

現在的家庭都有冰箱，只要打開冰箱，就可以看見裡面密密麻麻塞得滿滿的。一條火腿已經買了一年，很顯然不能吃了，但是還在裡面放著，原來是要等火腿全壞了再扔。還有半隻雞，一塊肉，二斤排骨，三斤牛肉……女人是不捨得吃還是她不喜歡吃？

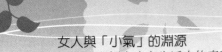

不是，她是要留著慢慢的吃，她知道巧婦難爲無米之炊，她怕哪天來了客人一時沒空去買。所以，她不是貪吃也不是不吃，這是她們的持家之道。

前幾天，報紙上有一則報導，說是一對夫婦過馬路時沒有遵守交通規則，正好遇到交通警察，被抓個正著，開了一張三百元罰單。夫婦倆說他們都是這樣走的，爲什麼要繳罰款？女人怎麼說都不願意繳。

交通警察動之以情曉之以理，女人振振有詞的就是不繳。很多人都圍了過來。丈夫在一旁勸說：「付錢算了，我們回家。」女人聽到男人這麼一說，更加生氣。雙方僵持不下，交通警察說要把他們帶回警察局去。最後，女人極不情願的收下罰單，事情才算了結。

記者在文章末了寫說：我們似乎看見了女人臉上很無奈的表情，她回家之後，肯定會因爲這張罰單而心疼好幾天吧！

很多男人都有這樣的經驗：男人和女人一起去逛街，正好有一位妙齡少女從旁邊經過，男人只不過是多看了幾眼，女人就不高興，跟男人生悶氣，回到家後，女人花拳繡腿一齊進攻，非要男人說個清楚。男人覺得自己很無辜，只不過多看了幾眼。女人會說，就是多看一眼也不行！

女人會把感情帳記得清清楚楚，雖然她們嘴上從來不提，但是，她們不但記得很多年前你們一起在某某地方的第一次晚餐，而且還記得她們或者男朋友穿的是什麼衣服，吃的是什麼菜，說了什麼話。哪年哪月的情人節女人沒有收到玫瑰花，而某年某月的情人節，男人不但送了玫瑰花，還把女人買給男人的巧克力拿出來，兩個人一起分享。在這些事情上，女人總是斤斤計較，如果男人不想女人小氣的話，那麼一定要注意自己先不小氣。

女人會要求男人只買一杯可樂兩個人一起喝，男人會覺得這時候的女人如此可愛；女人買衣服的時候，因爲心疼男人的錢包而不忍大肆揮霍，男人會覺得女人很能持家；過年的時候，女人捨不得把錢交給飯店，於是全權負責年夜飯；女人會爲了每天省下公車錢不惜步行兩公里路回家，並美其名曰「鍛鍊身體」；女人會在家電維修工獅子大開口時一再殺價，維護了小小家庭的利益；女人會在給子女零用錢的時候斤斤計較，而這對於子女節儉品格的形成功不可沒……

女人的小氣與生俱來。因爲女人的小氣，才讓男人看到了節儉的美德，懂得生活的艱辛。

如何把握和女人來往的分寸

很多人覺得女人不好相處，於是有這麼一句話，「小人和女人得罪不起」。其實，女人並非如此不好相處，只要把握好分寸，就會萬事大吉了。

在生活中，男人無法不與女人來往。那麼，如何把握來往時的分寸呢？這裡面可是有大學問。男人總是大大咧咧的，很多時候，無心的舉動或是言語就惹女人生氣，而男人自己卻不知道怎麼一回事，甚至會覺得女人有些莫名其妙。

方言是那種大大咧咧慣了的男人。最近，方言和同事的關係處得不太好，而他自己並不知道怎麼一回事。

方言有一個很要好的女朋友舒琪，正確說是女性的朋友，從小一起長大。

方言把自己的煩惱說給舒琪聽，舒琪拿著小勺在面前的咖啡裡攪拌了幾下，笑了。方言看到了，「妳可別幸災樂禍啊！」

舒琪看到方言愁眉苦臉的樣子，一邊笑一邊說：「我問你，你在想到好創意的時候，會不會把自己的手臂搭在女同事的肩膀上？」

方言想了一下，「會啊！這有什麼不對的嗎？」

「呵呵，你是出於激動與興奮，可是，你有沒有想過女同事是否會對你的這種舉動反感呢？」

方言恍然大悟，「對啊！這個我倒是沒有想過。」

舒琪接著說：「女人是很敏感的，有些女人只容許自己喜歡的人做這些比較親暱的行為。」

「哦，是這樣啊！」方言應和著，「看來我得檢討一下自己的行為了。」

舒琪喝了一口咖啡，「沒那麼嚴重，稍微注意一下就好。」

男人一向我行我素慣了，並不覺得有什麼不妥之處，但是在女人看來，這是不能接受的。其實，平日與女人的來往中，男人也不必太拘謹，要該說就說，該笑就笑，需要握手就握手。反之，過分隨便也不好，男女畢竟有別，有些話題只能在同性之間交談，有些玩笑不宜在異性面前開，這都是要注意的。

劉琳最近談戀愛了，心情格外的好，聽說愛情是有魔力的，能令女人變得更加美

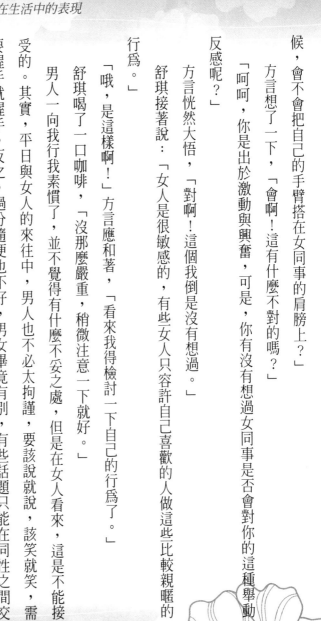

麗，劉琳覺得這句話一點都沒有錯。

有一次，劉琳與男朋友講電話，被同事小李無意中聽到了，原來劉琳對男朋友的暱稱竟然是「小強」，小李覺得很有意思，就當作玩笑說了出來。

小李學著劉琳的口氣，輕聲細語地說：「小強，你今天要來接我下班嗎？」辦公室裡的同事一聽就知道，小李是在逗劉琳玩，同事們捧腹大笑。小李自己也跟著笑了起來。

劉琳卻覺得這笑聲很刺耳，臉色馬上變了，「小李，你是故意取笑我，是不是？」

小李不服氣地說：「我不過是想逗妳玩，妳不至於生氣，甚至翻臉比翻書還快吧！」

劉琳很生氣，「那我問你，要是我在這裡把你和你老婆說的悄悄話講出來，你會怎麼樣？」

有些女人是小氣的，她們對男朋友的暱稱絕對不允許別人拿出來當玩笑開。即便是一句玩笑話，女人也會動怒。或許你會覺得女人眞的很小氣，其實不然，每個人都有隱私，而這方面的話題是不可以當笑話來說的，這不僅僅是女人的問題，男人也是如此。

如果想要把握好與女人來往的分寸，這一點是需要注意的。

還有，不要隨便動女人的東西，即便是工作所需，也應該徵得當事人的同意。特別是女人，借了女人的東西，一定要記得物歸原主。有些女人有戀物情結，你借了她的東西，不小心弄丟，你怕女人生氣，買一件新的、一模一樣的還給女人，女人都會知道。

這與女人的小氣，沒有什麼直接關係。有戀物情結的女人，她們要嘛不買東西，可是只要是買下來的東西，就是她們喜歡的，哪裡有一點瑕疵她們都會清清楚楚。

就算是真的找不到了，大可以告訴女人，並表示歉意，相信女人會原諒你的。

只要你真誠相待，你就會發現，女人並不難相處。

如何正確比較兩個女人

「蘋果是別人家的紅，老婆是別人家的好。」男人的內心裡總是會在兩個女人之間做出比較。電影《一聲歎息》中有一句經典臺詞：「摸著老婆的手，就像左手摸右手。」可是，不管你的感覺如何，夫妻之間的感情就像左手離不開右手般的親密。

男人總是感覺自己的女人小氣、嘮叨、使性子，與剛認識的時候判若兩人。在婚姻生活中，男人感覺不舒服，自然就會向外發展，於是，婚外情就產生了。

陷入婚外情的男人快樂是有，不過煩惱也不少。看著自己婚姻之外的女人，年輕、漂亮、不像自家女人那樣小氣，可是，家裡的女人是結髮夫妻，一起共患難。男人左右爲難，不知該如何取捨，如何正確比較兩個女人？

偉強與妻子攜手走過很多風雨，才迎接了今日的纍纍碩果。他有一家屬於自己的公司，在建設初期，妻子也立下過汗馬功勞。可是隨著時光的流逝，偉強感覺與妻子有種生疏感，因為她每天忙於瑣碎的家務中。

雖然身邊不少朋友都背地裡有女人，但是偉強覺得妻子對自己還是不錯的。在遇到蕭薔之前，偉強從未想過婚外情這種事情會發生在自己身上。

蕭薔猶如冬日裡的陽光一樣耀眼，她既擁有小女孩的純情、坦蕩，又具有成熟女人的寬容、溫暖。在頻繁的接觸中，偉強還發現蕭薔聰明而且善解人意。

從一開始，偉強就沒有欺騙過蕭薔，他明說自己是一個有家室的男人，而蕭薔卻說，有家室又如何？人生在世，不是每個人都能轟轟烈烈的愛過一次。蕭薔懂得愛的真諦，又充滿青春的朝氣，偉強在這場戀愛中欲罷不能。

一天，偉強像往常一樣，騙妻子說晚上有應酬，就去了蕭薔那裡。寬衣解帶的時候，蕭薔發現偉強的襪子破了一個洞，取笑他襪子破洞都不知道。

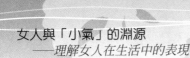

偉強笑笑說：「沒感覺破洞啊！」

蕭薔說：「丟了吧！明天我幫你買雙新的。」

偉強答應了。

偉強通常都不在蕭薔這裡過夜，他並不想傷害自己的妻子。這天也一樣，他大約十點半多回到自己家裡。一進門，妻子便問：「累了吧？我給你倒洗腳水，泡泡熱水。」

當年妻子第一次這麼說的時候，偉強很感動，他覺得有這樣的妻子，夫復何求？但是經過七、八年的婚姻生活之後，妻子再這樣說的時候，偉強早已沒有任何感覺，只是習慣了而已。

偉強鬆了鬆領帶，把西裝外套脫下來，坐在沙發上休息，看著電視。

妻子端著一盆水走過來，偉強脫了襪子，把腳放在溫熱的水中，全神貫注的看著電視。這時候，妻子看到偉強襪子上的那個洞，不聲不響的拿來針線，認真地縫補起來。等到偉強發覺的時候，妻子都快縫好了，偉強不太高興的嘀咕：「都破了，還補它做什麼，再買雙新的就好了。」

妻子似乎沒察覺到偉強的情緒不對勁，微笑著說：「只是破了一個小洞，丟了挺可惜的，縫縫還能穿。」

妻子想用牙齒扯斷線，偉強喊說：「我腳臭，妳別咬了。」

「這麼多年了，我都習慣也不覺得臭啊！」

看著妻子咬斷線，把襪子仔細的看了看，對偉強說：「你看，這不是好好的嗎？」

那一刻，偉強心裡有一滴眼淚滑落了下來，他怕被妻子看到，幸好妻子接著說：「襪子拿去洗了，你明天要穿的襪子我放在床邊的櫃子上。」

也是在這一刻，偉強下定決心，徹底結束這段見不得光的婚外戀情。偉強覺得，不是感情淡了，而是自己對於妻子不求任何回報的付出習以爲常了。

在電影《一聲歎息》中有一句經典臺詞：「摸著老婆的手，就像左手摸右手。」可是，夫妻之間的感情也像左手離不開右手般的親密。很多時候，不需要華麗詞藻的表達，而是一種心有靈犀。男人的一個眼神，一個動作，妻子都明白男人想要表達的是什麼。

婚姻中的男人不要老是覺得女人小氣，有些時候，女人的小氣是一種眞情流露，而這種眞情是婚姻之外的女人所不能給予的。當浪漫激情不再的時候，愛情並非也不再了，它只是轉化爲一種比親情更深的情感流淌在生活之中。

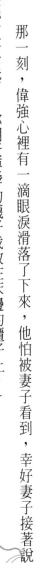

男人誇獎女人的技巧

男人在誇獎女人的時候，注意一下語言的表達，講究一下方式，只要用眞誠的話語把自己心裡想的說出來，就是對女人最好的誇獎。

男人誇獎女人的語詞很多，有說女人漂亮的，也有說女人可愛的，更有說女人成熟的，不過，在這諸多辭彙中，如果用得不得當，不但得不到理想效果，還會引起女人的反感。男人誇獎女人也是需要技巧的。

女人穿了一套曲線畢露的衣服，有的男人會說，「這件衣服挺好看的。」女人可能一下子就不高興了，「你說的只是衣服好看嗎？」其實，女人明知道男人說的不是這個意思，可是女人就是不愛聽，這就說明，這個男人不懂得如何誇獎女人。

而有的男人則會說，「這套衣服穿在妳身上眞好看。」女人就會覺得很中聽。

有人可能會說女人小心眼，其實，這不是小心眼的問題，而是男人在誇獎女人的時候，使用語言的技巧問題。男人想要誇獎女人，就要把話說明白，不要只說一半。想要說女人穿衣服好看，就不要只說衣服好看，說一半留一半，永遠都達不到理想的效果。

有些男人眞的不會誇獎女人，本來是好心，卻總是反效果。

裘蒂習慣把頭髮挽在腦後，覺得這樣會給人幹練的感覺。今天，裘蒂沒挽頭髮，而是讓長長秀髮隨意飄散著，從走進公司的那一刻開始，就有很多人注意到這一點。說眞的，這樣是比以前漂亮了許多。

有一個男人這樣誇獎裘蒂，「裘蒂，妳這樣顯得年輕了許多。」裘蒂很不自然的笑了，「哦，就是想改變一下髮型，老挽著頭髮也綁得很疼。」裘蒂嘴上沒說，心裡卻在嘀咕著，難道我以前很老嗎？

而另一個男人卻是這樣說的，「裘蒂，飄逸的秀髮爲妳增添了不少人氣指數喲！」這回，裘蒂很爽朗的笑了，「你是想說吸引了不少人的目光吧？」

很明顯，後者比前者懂得如何誇獎女人。對於女人來說，「顯得年輕」這類的話，無疑就是在說她老了，這是女人最忌諱的。雖然誰都無法抗拒衰老，但是，女人就是不願意從別人嘴裡說出來。

誇獎女人也需要把握尺度，否則很容易弄巧成拙。男人在誇獎同事或女性朋友的時候，一些曖昧、輕浮的字眼也是令女人反感的。

劉小紅最近就遇到一件煩心事。她去和一個客戶談業務，客戶說她嫵媚動人，當時，劉小紅心裡就很不是滋味，心想，初次見面哪有這麼誇人的。

回來之後，說給同事小梅聽，小梅還跟劉小紅開玩笑，「他說不定是看上妳了。」「妳少來了，」劉小紅接著說，「妳說他會不會是色狼啊？」

小梅聽了捧腹大笑，「不會吧！說不定是那個人不懂得怎麼誇獎人。你們談業務都是在人多的地方，妳不用害怕。」

劉小紅想想也是。在後來的接觸中，劉小紅發現，那個客戶人還不錯，這才改變了初次見面留下的印象。

有些男人誇獎女人總喜歡拿自己的老婆出來做比較，他們會說，「我老婆就沒有妳這麼會穿衣服」，或「我老婆就不像妳這麼有品味」等等，即使女人當場沒有表示什麼，但是她在心裡會看不起這個男人。女人會覺得這個男人這麼說是別有用心，有不軌的企圖，自然不會對這個男人有好印象。

有些男人性格內斂，不會誇獎女人，甚至對自己的老婆都不會說句好聽的話，其實這樣並不好，女人都有愛美之心，她們希望聽到自己喜歡的人稱讚自己，哪怕是簡單的幾個字，都會令她們心花怒放。

女人和男人一起出去的時候，都會精心打扮自己，她們會挑最好看的衣服，認眞的化妝，希望自己在男人面前是最漂亮的。

這時候，男人大可以走過去，和自己的女人說：「妳在我心裡是最漂亮的。」女人自然會心領神會，明白男人的意思，也會很高興，相信沒有哪個女人不想聽到自己的男人誇獎自己。

男人在誇獎女人的時候，注意一下語言的表達，講究一下方式，用眞誠的話語把自己心裡想的說出來，就是對女人最好的誇獎。

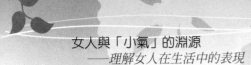

不當著一個女人的面誇獎另一個女人

女人最忌諱男人當著自己的面誇獎另外一個女人，這會嚴重地傷了女人的自尊。

男人誇獎女人的技巧，有一點是所有男人都應該注意的，那就是不要當著一個女人的面誇獎另外一個女人。無論是當著老婆、女朋友，或者是女性朋友的面去誇獎另外一個女人，都會引起女人的反感，甚至會大發雷霆。

沈紅挽著男朋友的手臂，心情愉悅的走在街上，來來往往的女孩穿著都很時髦。沈紅自己也在不停的打量著美女，漂亮的女人永遠都是一道風景。

走著走著，沈紅察覺到男朋友盯著一個女人，眼睛有好幾分鐘沒有離開過，沈紅有些不高興了。順著男朋友的眼光看去，有個穿著很時髦的女人也看向這邊，難道他們認識？沈紅這才發現對方有些眼熟，想起來了，是高中同學，她比以前漂亮多了，身材也不錯。在沈紅尋思的時候，高中同學已經走了過來。沈紅與男朋友是高中的時候認識的，想必他也認識這位高中同學。

還真被沈紅猜對了，男朋友和高中同學寒暄起來。但是，男朋友的眼神始終沒有離開高中同學，而且還說：「妳怎麼會來這裡啊？真是相逢不如偶遇。妳比以前漂亮多了，更有女人味了，真的女大十八變……」

沈紅站在旁邊根本就插不上話，怒火冒上心頭。還是高中同學先說起了沈紅，「這是你的女朋友吧！好漂亮。」男朋友這才感覺到忽略了沈紅，趕忙幫她們相互介紹，男朋友似乎感覺到沈紅在生氣，想岔開話題，「我們要去吃飯，妳也一起去嗎？」

高中同學開玩笑的說，「我可不想做電燈泡，你們去吧！我還有事，再見。」高中同學一離開，沈紅憋了很久的怒火爆發了，「你們說話的時候，你的眼睛一直盯著她看。你有沒有想過我，你的眼裡只有她，看來我是多餘的。你知不知道你剛才有多投入？她那麼好，你可以去找她呀……」

沈紅的男朋友根本搞不清楚怎麼一回事，只不過遇到以前的同學多聊了幾句，也不至於這樣啊？

沈紅的生氣與動怒，是因爲自己男朋友當著自己的面誇獎另外一個女人，把自己冷落在一旁，不管是換成哪個女人都會生氣。談戀愛時候的女人更是如此，她們希望男朋友的眼裡只有自己，心裡想的也是她一個人。男人突如其來的誇讚另外一個女人，對女人而言，無疑是在貶低自己。

男人這時候會覺得女人真的很小心眼，不過是幾句客套話，何必如此大發雷霆？那麼，假設你的女朋友當著你的面，誇獎別的男人，你會有什麼反應呢？

換作男人說不定會更加生氣，男人都很好面子，將心比心，女人在這種情形之下動怒，也就可以理解了。

許強在公司裡的人緣很好，特別討女同事歡心。工作了一天，大家都累了，主管提議去酒吧娛樂一下，大家都表示同意。

來到酒吧，喝著酒，聊著天，氣氛蠻不錯的。這時候，一個女同事向男同事發難，「你平時不怎麼說話，今天大家都高興，給你一個機會，你來說說我們部門誰最漂亮啊？」

於是這位男同事就開始想了，可是覺得說誰都不太好，一時之間不知道該如何回答，很多人開始起鬨，「你快說啊！」

許強說話了，「你們可別欺負老實人啊！小劉嘴笨大家都知道，別爲難他了。」女同事就開始向許強發起攻擊，「不爲難他可以，你就代替小劉回答吧！」

許強很明白不要當著女人的面去誇獎另外一個女人的道理，喝了一口酒，故作思考狀，五秒鐘之後，才慢慢地說：「潔西在工作中透射出來的幹練風姿，很叫人羨慕；麗婭的幽默風趣，大家都知道，她總能在我們愁眉不展的時候逗大家開心；沙琳娜的廚藝不錯，大家也都品嘗過……」

許強幾乎把部門裡的每個女人身上的優點都說了一遍，誰都沒得罪，雖然許強說的都是恭維話，但都很中聽，既沒有針對誰，也沒有冷落誰。而且每位女同事都覺得許強的心思眞細膩，觀察力如此了得。

在座的男同事終於明白，爲什麼許強會有這麼高的人氣指數了。

男人需要記住，當著一個女人的面去誇獎另外一個女人，無疑是最愚蠢的行爲。男人可以蜻蜓點水式的對每一個女人都做一番評論，女人原本就各有千秋，這樣一說，還會爲自己贏得好人緣，何樂而不爲呢？

女人怎樣看待性

瞭解女人和男人的相悅之事

在人類的起源史裡，亞當與夏娃的性欲是既單純又神聖的存在，是人體的一種自然本能，也是男女感情交流的一種方式。

中國的房中術，和四大發明一樣，也是我們的驕傲。不僅遠遠早於印度的《欲經》，比羅馬的《愛經》也早不少。明清的色情小說更冠絕一時，內容也極其豐富。中國房中術利用陰陽調和、男女互補，以作享樂、養生之用的特色，讓性開放的歐美人也歎為觀止。

性事是那樣的神秘而美麗，讓每一個女人都能享受神秘而美麗的歡愉吧！

女人如何看待性

一直以來，人們習慣於把第一次性經歷作爲女孩和女人的分水嶺。可見，性是開啓女性的鑰匙，這絕不僅僅是身體裡一層膜的破裂，而是一種心態的改變。所以，女人其實不用迴避性。

以前，性是一個敏感的字眼，人們約定俗成的不能把性當成話題來談論，性對於女人更是避忌不言的。有些女孩子甚至錯誤的認爲與男孩子接吻就會懷孕，說起來有些令人啼笑皆非。不過我們不得不承認，這種潛移默化的規範壓抑著女人的性欲望和性權利。女人的性欲，一直不被尊重與重視。

至於婚姻裡的女人，性也是一直處於被動的狀態，有需求羞於啓齒，就是做愛過程中也不敢吐露及提出快感的要求，不敢要求充分的刺激。

一次深夜聽電臺廣播，有位女士打電話給主持人，說她有一次主動向丈夫提出了性要求，並在整個過程中表現很主動，卻被丈夫斥爲淫婦。從此以後，這位女士變成了性冷感。

這位女士的經歷非常具有代表性，女人渴望性，又被一種約定俗成的道德規範所制約，所以女人在潛意識裡刻意驅逐自己的性渴望。由於這種不合理的道德規範行之有年，沒有人覺得它不合理，導致女性比男性更徹底的成爲這一道德規範的衛道之士。

中國女人一直受著幾千年的傳統文化制約，提及性事的女人幾乎都會被人們認爲是不知羞恥、有違婦道的墮落女人，未婚而性更是被視爲大逆不道而要接受懲罰。道德標準要求女性收斂、壓抑自己的需要，甚至要對自己的性欲感到羞恥、慚愧，如果一個女人有很多性伴侶，便是無恥、墮落。

昆德拉在《愛情遊戲》中描寫了一個女孩，她對於自己的身體十分害羞，連「我想尿尿」這樣的話也羞於說出口，凡是涉及到自己身體的辭彙都讓她難以啓齒。

但是，她和她的男友玩一個愛情遊戲，她需要扮演風騷、輕浮的女郎。這個害羞的姑娘竟以驚人的速度進入了角色，並與她的男友大膽做愛。她表面上是進入了自己扮演的、有違她本性的角色，但事實上，她是藉這個角色做了一次眞我。

不少人認爲女人天生是性冷感，不喜歡性。其實女人不是沒有性欲，更不是不需要性愛。海特性學報告裡是這樣說的：只因爲女人被動、被迫、習慣性地成爲男人婚床上的附庸，所以不能進入自己所夢寐的做愛最佳狀態，男女在性愛上的平等，也一直被忽略。

隨著社會風氣的開放，女性的性權利得到越來越多的承認。美國性學家莎麗·海特認爲，一個女人在性生活中所處的地位，反映著她在其他領域中所處的地位。

九〇年代興起的後現代主義，讓勇於嘗試的女人把性作爲培養生命力的力量，也當作精神的一部分，透過對性的肯定爲自身賦權，用肉體出軌，詮釋情色的新定義。

一時間，發掘和表達女人性欲成了現在最熱門的話題。儘管如此，社會對於發起「性革命」的女人並不見得寬容。從前的性觀念雖然在近代有所改變，但那種固定的觀念依然還是深藏於社會的心理之中。

身爲女人，她們知道自己需要性，也需要男人的親吻和愛撫，試圖像男人一樣對待性：性感、開心、享受。只是女人通常在與異性的交往中，一開始並不和性欲望聯繫在一起。女人性意識的表現方式是含蓄的，其發展是循序漸進的，就是常說的「女人要先有愛才會有性」。

雖然古希臘哲人柏拉圖崇尚精神戀愛，然而他也承認，任何一種快樂都不如肉體的愛來得更偉大、更強烈。女人希望在親吻中找到安全感，獲得人與人之間的親密感覺，而有的男人只知道需要女性的肉體，除了做愛，並不流露溫情，沒有親密的愛撫，往往只給了女人不情願的壓抑感，也讓女人逐漸討厭性。

一直以來，人們習慣把第一次性經歷視爲女孩和女人的分水嶺。可見，性是開啓女性的鑰匙，這絕不僅僅是身體裡一層膜的破裂，而是一種心態的改變。所以，女人其實不用迴避性。

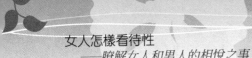

男人如何瞭解女人的需要

在西方愛情電影裡的親熱場景，男女主角通常都能洞察對方的性需求，一切都如同水到渠成一般的完美。不過，所有過來人都知道，現實生活中的性愛並非這麼一回事。

女人總是在抱怨男人不解風情，不懂得女人的需要，而男人總會說：「妳是我老婆，我還不明白妳？」女人就會反駁，「你要是明白我就好了。」

在性方面，女人通常很少直接表達自己的心聲，她們會間接而含蓄的流露出自己的需要。可是，就是有不少男人不解風情，女人精心佈置了房間，甚至還噴了少許的香水，男人卻不瞭解女人的需要，默不作聲還好，有些男人甚至會說：「今天是什麼日子啊！怎麼把家裡搞成這個樣子？」女人聽了能不生氣嗎？「什麼日子都不是，我喜歡，不行啊！」

原本在女人心中想過一千遍的浪漫而又美好的情景，頃刻間蕩然無存。

文芳去年情人節到北京出差。情人節對女人來說是一個很重要的日子，總是希望能收到男人的玫瑰花，期盼能有一個浪漫而甜蜜的夜晚。可是文芳左等右等也沒等到志剛的電話和簡訊，文芳自然有些不高興。

下午，文芳給志剛傳簡訊，問他知不知道今天是什麼日子，志剛的回覆卻令文芳跌破眼鏡，不是週末嗎？文芳心想，他可能是忙暈了頭，不記得了，這樣也好，千里迢迢給他個驚喜吧！

當天晚上，文芳搭乘最後一班飛機回台北，還爲志剛買了一條KENZO的牛仔褲，文芳在飛機上想像志剛看到她的種種表情。

在文芳敲開家門的那一刻，志剛果然愣在門口，問文芳：「妳怎麼提前回來了？」

文芳神秘地笑了笑：「現在知道今天是什麼日子了吧？」

志剛疑惑地說：「剛才電視說什麼情人節，還有這種節啊？」

文芳聽到志剛這麼說，醞釀很久的心情不免有些失落，不過，還是把禮物遞給志剛，「這是我送你的禮物，情人節快樂！念在你沒想到我會突然回來，我不計較你沒送禮物給我。可是我現在好餓，換你表現一下吧！」

誰知志剛接過褲子，看了一眼價錢，搖了搖頭並嘖嘖歎息，「老婆啊！這條褲子再加上妳的機票錢，夠繳兩個月房貸了。」

文芳一聽，心裡就涼了半截，「你別這麼不解風情好不好？錢花了可以再賺啊！」志剛笑嘻嘻地上前哄文芳，「沒錯，不過，我們都老夫老妻了，還用得著嗎？」

文芳一言不發地走向洗手間，洗過澡之後，在耳根噴了一點香水，她希望能在情人節的晚上，與志剛度過一個忘情的夜晚。文芳坐在沙發上看電視，志剛從廚房裡端出一碗泡麵，文芳一看到這碗麵，心裡就更加無奈了，不禁感歎，我怎麼嫁給了這麼一個不懂風情的男人啊！

女人心中都是有浪漫情節的，在特別的日子裡，這種浪漫氣息就會散發出來，比方說，情人節、生日、七夕、結婚紀念日等等，她們會有意營造一種曖昧的氛圍，想透過這些來告訴男人她們的需要，期待男人給她們激情與浪漫。

每個人的性需要都不盡相同，男人可以透過很多方式來瞭解女人的需要。男女雙方可以透過遊戲方式討論房事，男人可以對女人說，在接下來的半個鐘頭內，女人可以合理地要求男人滿足她的要求；然後輪到女人反過來滿足男人的要求。這種輪流是一種最有效的溝通策略，男人可以很輕鬆的瞭解女人的需要與喜好。

很多女人在涉及內心最深處的性需要和欲望時，都會感到忸怩不安。男人不妨在紙上問一些平時羞於啓齒的問題，放在女人可以發現的地方，女人會覺得受到男人的疼愛，自然會書寫出她隱藏於內心的性需要與要求。

女人一般都會在有性需要的那段日子裡，精心裝扮自己，在家裡佈置一些浪漫的氛圍，男人只要認眞觀察，很自然的就會瞭解女人的需要了。女人每個月也會有那麼幾天對性提不起興趣，她們寧願一個人看電視或看書，把男人仍在床上不聞不問。

婚姻帶來的歡樂也來自愉悅的性生活，女人一般都很注重感覺，只要是用心的男人就會很容易的瞭解到女人的需要。

女人什麼時候最快樂

劉若英在《爲愛癡狂》這首歌裡這樣唱著：「想要問問你敢不敢，像我這樣爲愛癡狂。」每個女人都會渴望遇到一個瘋狂的男人，談一場天荒地老的愛情，那時候的女人才是最快樂的。

劉振偉導演的電影《情癲大聖》，影片中美豔與三藏的愛情故事驚世駭俗。美豔是個嬌生慣養的妖精，居然也可以爲了愛情「素手做羹湯」，三藏本是立志西天取經的和尚，可是爲了心愛的人「雨天送蓑衣」。當二人擊掌爲誓，希望生生世世時，女人流淚感動。

這是一齣讓人癲狂的愛情故事，妖不再是妖，取經人不再是取經人，甚至連金箍棒也會觸景生情，情願與相愛的人站在一起，拒絕無情者的使用。女人之所以如此喜歡這部影片，是因爲她們期待現實生活中，也能上演這樣的一齣戲，有了愛情滋潤的女人是最快樂的。

安靜，人如其名，真的很安靜，但是骨子裡與很多放浪不羈的女孩一樣，渴望有一場驚天動地的愛情，可是，在辦公室裡進出的白領精英男人，安靜根本愛不起。既然沒有愛情，那麼就用有限的生命去欣賞無限的風景吧！安靜選擇了旅遊，她趁著旅遊淡季，向公司申請年假，報了去西藏的團隊。

大衛是和安靜同一個團的團友，在飛機上，他們被安排坐在一起。到了拉薩之後，安靜由於平時很少運動，高原反應特別厲害。導遊考慮到安靜的身體狀況，把她安排在酒店休息，這時候，大衛自告奮勇留下來照顧安靜。

在那兩天，大衛幾乎是寸步不離的陪著安靜。即便是安靜休息的時候，大衛也爲安靜蓋好被子才會離開。因爲耽誤了好幾天的行程，安靜一直悶悶不樂。大衛就安慰她說，等安靜的身體好一些，他會帶著安靜去玩，肯定會比一大堆人有趣多了。

當安靜和大衛兩人徒步在拉薩古道的時候，大衛極其自然地牽著安靜的手，在拉薩的藍天白雲下，安靜感覺周遭的一切不再真實，彷彿他們已經認識了一千年。

旅行結束之後，安靜與大衛都互相交換了對方的電話。安靜又回到朝九晚五的生活，周圍的同事都覺得安靜回來之後變漂亮了。安靜每天腦海裡全是大衛的身影，大衛的簡訊不間斷地發來，訴說著想念。晚上，他們一通電話就會聊上四、五個小時。

在回來後的第一個週日，安靜從夢中被敲門聲吵醒。開門一看，大衛捧著一大束新鮮的玫瑰站在她面前。大衛首先給了安靜一個大大的擁吻。這是安靜生平第一次遭遇到這樣熱烈的感情，她幾乎被大衛迎面而來的熱情融化了。

大衛說，本來是想在拉薩多待兩天，考察一下環境，投資開一家酒吧。可是，實在無法忍受安靜不在他身邊的日子。昨天晚上通完電話之後，大衛就直奔機場，他恨不得立刻出現在安靜的面前。大衛緊緊把安靜擁在懷中，說再也不要跟安靜分開，也永遠不再分離。

「永不分離」這四個字只在古老的愛情傳說裡才有，但任何一個女人都知道它對自己有多大的誘惑。在遇到大衛之前，安靜覺得自己只不過是一個普通得不能普通的小女子，每天上班下班，生活毫無生趣。安靜與大衛決定去麗江開酒吧，在那個美麗的地方，享受生生世世的愛情。

在通向麗江的火車上，安靜像個孩子一樣，雀躍、幸福、感動與暈眩，突然間手上捧滿世上最最珍貴的寶物。女人一生能擁有這樣的愛情，可謂是死而無憾了。

男人通常會認爲只有性愛可以讓女人最快樂，其實不然，她們只需要玫瑰和香水，再加上深情的眼神和持久的甜言蜜語，就可以成爲最快樂的女人。女人總是感性而細膩的，每個人都對浪漫有著不可思議的情結，她們更注重一點一滴愛意的表達，沉浸在愛情裡的女人是最快樂的，她們無時無刻都能感受到那濃濃的愛意包圍自己，情願在這樣的愛意中徹底融化自己。

女人對浪漫擁有無邊的想像和欲望，所以男人普遍都喊累，男人不是不懂愛，也不是不懂浪漫，只怪男人太理智，他們以爲自己的事業才是天下大事，而愛情的經營則永遠排在第二位，當兩者不能兩全的時候，男人會毫不猶豫地犧牲掉愛情與浪漫。而女人永遠都偏愛浪漫，男人在浪漫面前只能俯首。

劉若英在《爲愛癡狂》這首歌裡唱著：「想要問問你敢不敢，像我這樣爲愛癡狂。」每個女人都渴望遇到一個瘋癲的男人，談一場天荒地老的愛情，那時候的女人才是最快樂的。

男人如何看待性

男人對待性的態度，有的認爲就好像出門坐計程車，上車付錢，下車走人一樣簡單；也有男人覺得性是一件美妙的事情，無愛的性與動物交媾沒有任何差異。男人有很多種，對待性的態度更是天壤之別，不過，有句話說得好，「存在就是合理」。

男人通常在十六、七歲的時候，對性就會有所意識，他們能夠感覺到自己身體裡蘊藏著巨大欲望，由於難以抑制自己，他們會渴望嘗試性愛。這時候的男人置身於慾望中苦苦思索、悶悶不樂。他們會學著電影裡的男主角，讓自己比較引人注目，吸引女孩子的目光。不過，不少在青春期有第一次性體驗的男人，回過頭來評價自己第一次的時候，都會說那簡直糟糕透了，根本不知道該如何做。

男人對於性，從不過分掩飾自己的需要，在沒有性伴侶的時候，他們選擇的方式是自我解決。其實，將男女發生的性行爲稱爲「肉體關係」，只表達了性的一方面，並沒有掌握性的本質。對男性而言，性在某種意義上的確是肉體行爲。這也是爲什麼有些男人會在沒有感情的基礎上與女人發生性關係。

王強有一份令人羨慕的工作，年紀輕輕便已經小有成就。他的身邊一直有很多性伴侶，他與她們也都保持著良好的關係。王強會在自己有生理需要的時候，聯繫她們其中的一位，只要對方答應即可。

這只是一種遊戲，而遊戲的規則是不干涉彼此的隱私。這與感情，或者正確的說，與愛情無關，只是一種彼此需要。

他覺得女人比男人更難達到性高潮，而他每次都會盡量讓性伴侶滿意，這也是很多性伴侶欣賞他的一面。

當被問及是否會談一場眞正的戀愛時，王強表示，會，爲什麼不呢？我從來不認爲自己不會結婚，我是很傳統的男人，結婚生子是必然。說這些話的時候，王強爲自己點了一根煙，不過，有個條件，必須是之前互不認識的人。

王強並不擔心自己的那些風流韻事會有東窗事發的一天，他說，我對她們都很好，而且我不承認我與她們之間沒有一點感情，只是這種感情是愛情之外的東西。

王強表示他很感謝那些在他有性需要時滿足他的性伴侶，生活中總會有壓力，當這種壓力壓得王強快要窒息的時候，性能幫助他排解、宣洩，然後重新尋找到那份男人應該擁有的自信。

這代表了一部分男人對待性的態度，在他們的觀念中，性與倫理道德分屬於不同領域，他們與尋花問柳之輩是不同的，在他們這種性行爲中，有情感在裡面，是彼此的一種理解、體諒，甚至是包容。

性對男人來說是至關重要的問題，能否順利且圓滿地解決這個問題，將會影響到男人性格的形成以及生存方式、生活態度。男人要持重、有涵養、講求信譽，這些品德追根究底都與良好的性關係相涉。

已在社會上得到財富和地位的成功男人，除了自己的妻子之外，可能會有多個性伴侶。但是其中的大部分男人並不會拋棄妻子而與其他女人結婚。

因爲對他們而言，家庭是多年來休養生息、撫平創傷的場所。在妻子身上，男人能得到母親般的撫慰，而這往往是年輕的情人所無法提供的。

當然，有的男人對待性的態度是從一而終的，他們不相信沒有愛情的性，在他們的觀念裡，沒有愛情的性無疑只是性交，而不能稱之爲性愛。他們認爲，深層的精神溝通，再加上親密的肉體聯繫，才是理想的男女關係。

李傑就是這樣的一個男人。

大學時代，李傑曾有過一個女朋友，在他們那個年紀，發乎情止乎禮的愛情少之又少，但是，李傑卻是這樣與女朋友相處的。

身邊很多哥兒們都笑他不像個男人，李傑笑笑說：「沒什麼好奇怪的，我只是不想讓這段美好的愛情沾染上其他的色彩，我想要娶她，又何必急於一時呢？」

李傑與女朋友的愛情被很多人看好，他們還打算大學畢業之後結婚。可是遭到了女朋友家人的反對，而以失敗告終。

李傑回憶起過去，臉上流露著男人少有的激動與留戀。對於這段愛情，他並不怪任何人，只怪他當時太窮了，也絕對能體諒女方家裡反對的原因。

靠著自己的努力，李傑現在有了自己的公司，身邊也有不少女人傾慕他，但是他都不動心。李傑說：「她們傾慕的只不過是我的身分與地位，而不是我這個人。我想要的是那種單純的愛情，與金錢、身分、地位都無關。」

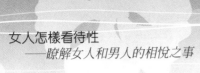

當被問及如果有生理需要的時候怎麼辦時，李傑笑了，「說眞的，我很少會有性欲望，幾乎是沒有，我也曾懷疑過自己是否正常，不過醫生告訴我，我的身體沒有任何問題。我想，應該是沒有愛吧！自然也就沒有欲望了。」

一提到男人對待性的態度，有人便會認爲男人都是色狼，這不是一竿子打死一船的人嗎？歷史上有坐懷不亂的柳下惠，現代社會有一心追求眞愛的男人，他們想要的是單純的愛情，與性無關。

男人對待性的態度，有的人認爲就好像出門坐計程車，上車付錢，下車走人一樣簡單；也有男人覺得性是一件美妙的事情，無愛的性與動物交媾沒有任何差異。男人有很多種，對待性的態度更是天壤之別，不過，有句話說得好，「存在就是合理」。

女人和男人對待性的看法有何差異

社會在不斷發展，男人與女人對待性的態度也與以往有所不同，女人不再壓抑自己的性需要，她們可以大膽追求自己想要的性高潮。每個人都有追求快樂的權利，不過提醒世間男女，愛與性的結合才是最完美的。

有不少人覺得，男人可以無愛而性是一件不可思議的事情，其實，這只是男女對待性的觀點不同。有的男人想滿足的是個人的佔有欲和身體所需，而女人的性多數是建立在愛情之上，這部分女人認爲沒有愛的性，不會有任何快樂可言。

不過，男人並不是生來就這樣，不少男人是在愛情失敗之後，才不再相信世界上還有眞愛存在，於是他們不再追求愛情，而開始追求性，只要是能吸引他們的女人，男人的強烈佔有欲就開始發生作用，直到與這個女人發生性關係。

在這個過程中，男人的內心並不好受，有的甚至在矛盾中不斷掙扎，掙扎的結果會有兩種可能，一種是男性身體裡的原始野性徹底的揭露出來，他們在不斷征服女人的過程中，享受成就感；而另一種則是理性戰勝野性，男人會對性喪失興趣，直到一個眞正關愛他的女人出現，男人才會恢復正常。

女人在這一點上與男人有相似之處，不少女人在失去貞節之後，向這兩個極端發展。劉小姐便是這樣一個女人。

今年已經二十八歲的劉小姐，並無結婚的打算，每當夜深人靜的時候，回首往事，她總感覺無比淒涼。

第一次談戀愛的時候，劉小姐才十八歲，喜歡上了一個比自己大兩歲的男孩，那是一個陽光、健談的男生，有很多女孩子追求，劉小姐從沒想到男孩會垂青自己。

在與男孩的交往過程中，劉小姐感覺自己像換了一個人似的，開朗了許多。她相信那是男孩賜予她的快樂，也相信彼此是相愛的。

男孩向劉小姐要求初夜，劉小姐當時有些猶豫，男孩就說，「妳不是愛我的嗎？那妳就應該徹底屬於我。」

也許是爲了證明給男孩看，劉小姐把自己的第一次給了男孩，當時男孩很吃驚，「妳還是處女啊？」

劉小姐原本以爲男孩會一直對她好下去，可是沒過多久，男孩便移情別戀了。從此以後，劉小姐徹底封閉自己的心靈，覺得男人沒有一個好東西。

這似乎是個很老套的故事，但是這樣老套的故事卻總是在生活中上演著。其實，如果一個男人眞的愛一個女人，他會尊重女人，而不會說「如果妳愛我，就應該徹底屬於我」這樣的話。如果男人這樣說了，就表示他想要的只是性。

男人在現代社會上承受的壓力越來越大，特別是在競爭激烈的工作中，升遷、加薪、開發客戶等等，無一不讓男人的精神時常處於緊張狀態。於是很多男人透過做愛來緩和自己的情緒，只是他們在選擇對象上不再保守，他們注重的只是性帶來的快感，這也是爲什麼男人可以和與自己沒有任何感情的女人發生性關係的一個原因。

還有一個原因，男人較之於女人更容易達到性高潮，藉此充分釋放自己壓抑的心情，性所帶來的快感可以令男人重新找回自信。而女人並不像男人那麼容易達到性高潮，即使是結婚多年的女人也是如此。

於是，女人開始尋找其他途徑滿足自己。情趣用品的出現無疑在很大程度上滿足了女人的需要。有的女人一開始並不能接受這種新鮮事物，有的女人卻認爲這並沒有什麼，男人可以尋花問柳，女人爲什麼要壓抑自己的需要呢？

歐陽楠楠是一個年輕、漂亮的女人，她的身邊從不缺少男人，不過她還是會使用情趣用品。

第一次接觸到女性情趣用品源自於一位網友的推薦，那是一個單身主義者，她在聊天室裡傾訴著使用情趣用品的經歷和感覺，一切都美好得充滿誘惑。

當天晚上，歐陽在成人網站上瀏覽了整整半夜，終於找到了自己期望的東西。第一次使用，那種閃電般的痙攣，很快彌漫全身，欲仙欲死的感覺簡直太神奇了。

歐陽覺得，沒有哪個男人能做到和女人在性的感覺上步調一致。性愛過程中，女人可以反覆高潮，男人卻很難做得到，當女人還想要的時候，要先問問男人是否還行，而情趣用品只需要去關心它的電池。

歐陽認爲使用情趣用品和與男人做愛的感覺明顯不同，除了自己可以百分之百控制它，更富刺激感外，情趣用品的清潔和安全也是得到她青睞的理由。無須擔心感染愛滋病或者性病，關鍵是情趣用品所帶來的快感讓歐陽越來越迷戀。她除了瀏覽網頁，還不時地逛逛成人用品店，在歐陽的感覺裡，這與買化妝品沒有什麼區別。

歐陽是獨身主義者，對於使用情趣用品，從決定買的那刻起，她就沒有想太多。她認爲生活就是一種觀念，觀念決定行爲，而行爲決定一個人在生活中的得失。

現代都會女性已經不再像過去的女人那樣，談性而色變，有的女人覺得性需要愛情做基石，不過有的女人以爲性不過是一種生理需要，不必男人同樣可以使自己達到高潮。

社會在不斷發展，男人與女人對待性的態度也與以往有所不同，女人不再壓抑自己的性需要，她們可以大膽的追求自己想要的性高潮。每個人都有追求快樂的權利，不過提醒世間男女，愛與性的結合才是最完美的。

女人與命運

女人與命運的撞擊

米蘭昆德拉說：「女人的一生，就是從上一個家到下一個家。」命運真的是如此安排的嗎？家真的就是女人的一切？但無可否認的，女人從來沒有放棄過追求幸福的決心！

張愛玲說：「女人的命運有兩種，做老婆與做妓女，如果有相同點，就是都為男人提供性服務，只是前者是合法與長期的，後者是非法與暫時的。」其實這是某種時代背景下的偏激，如今的女人大多能掌握自己的命運。

大多數女人都有接受自己命運的韌力和天性，在這方面，女人要比男人強得多。沒有信心、希望的女人，就算她長得再美麗，也絕不會有令人心動的吸引力，更不可能掌握自己的命運。正如在女人眼中，只要是成功的男人，就一定不會是醜陋的。

女人是善於言談的尤物

女人是善於駕馭語言的，而懂得如何運用語言的女人是可愛的。如果男人能耐下心來，聽女人絮絮叨叨的說著身邊的生活瑣事，就會發現女人不愧爲善於言談的尤物。每個女人身上都擁有幽默細胞，就看男人是否有發現幽默的眼睛。

女人善於言談嗎？在男人的印象裡，女人善於言談的表現除了嘮叨之外，似乎沒有其他。女人由於敏感、細膩的情懷，對於事物總會有獨特的見解，中國古代就有影響歷史進程的女政治家。

婦好，是商代一位奇女子、傑出的女政治家與軍事家。她是商朝國王武丁的王妃，由於有很好的文化修養，商王武丁經常令她主持當時非常重要的祭祀與朗讀祭文。她也被任命爲卜官，是武丁統治集團的重要成員。婦好也是位軍事家，被封於外地，擔負著守土、從征的重任，為「殷國大治」立下赫赫戰功。

婦好死後，武丁十分悲痛。婦好有獨葬的巨大墓穴，而且有拜祭的隆禮。這在商朝是非常少見的。

漢代的馮嫽於西元前一〇一年，隨漢解憂公主遠嫁和親到了烏孫國。由於她多才多藝，成為解憂公主的得力助手。後嫁給烏孫右大將。她在協助公主加強漢朝和西域諸國之間的友好關係，做出了很大貢獻，深得西域各國的敬服，尊稱她為「馮夫人」。周恩來曾評價她是「中國歷史上第一位巾幗英雄」。

漢代的呂后、北魏的文明太后馮氏、南北朝時期的冼夫人、唐代的武則天、遼代的蕭綽、清朝的孝莊文皇后、清代的西太后慈禧以及民國時候的秋瑾、宋慶齡與宋美齡，還有鄧穎超、吳桂賢、陳慕華、吳儀，這些女性都在歷史上扮演著功不可沒的角色，你能說她們不善於言談嗎？

盧梭曾這樣說過：「和一群哲學家討論道德問題，不如和一個巴黎的美婦討論。」女人擅長將思想精簡成清晰明瞭、重點突出的語言形式。言談藝術就是這些女性最突出的才能，不僅自己談吐不凡，而且能夠啓發別人。

說到女人，人們總會聯想到漂亮、美麗、可愛等形容詞，除了這些之外，女人還是善於言談的尤物。

女人總可以把一件稀疏平常的事情說得很搞笑，惹得周圍的人都很開心。在女人面前，男人是天生的聽衆，不論是從龐大的飲食文化還是從時尚流行，女人都可以讓男人沒有絲毫插口的機會。久而久之，一旦聽不到女人說話，一種淡淡的失落感就會湧上男人的心頭，眞是剪不斷理還亂。

趙先生是這樣形容自己的妻子：她似乎天生就有著無與倫比的幽默細胞，有時候不理她都不行。

當趙先生感覺被工作壓力搞得精疲力盡的時候，他的妻子總會先給趙先生泡一杯綠茶，他喝茶的時候，妻子會說家裡的趣事給他聽，家裡養的咪咪今天又開始不安分了，對著鏡子照了半天，不斷地「喵喵」叫著，看到鏡子裡的貓咪與牠有一樣的舉動就想向牠奔去，「咚」的一聲撞在鏡子上，嘴裡不斷地喊疼，但對於鏡子裡的那隻貓似乎還意猶未盡，戀戀不捨的看著鏡子。

趙先生在妻子生動活潑的演說中，感覺這一情景就發生在自己眼前，心情能不好嗎？

趙先生的妻子前些日子去加拿大看望定居在那裡的父母，趙先生回到家裡總覺得有些冷清，原來是沒有妻子在耳邊說著讓人想笑的話語。趙先生感覺妻子就是一個善於言談的尤物，總能在不經意間，使他的心情隨著她的話語變得輕盈起來。

女人是善於駕馭言語的，而懂得如何運用言語的女人是可愛的。如果男人能耐下心來，聽女人絮絮叨叨的說著身邊的生活瑣事，男人就會發現，女人不愧爲善於言談的尤物。每個女人身上都擁有幽默細胞，就看男人是否有發現幽默的眼睛。

女人有喜新厭舊的傾向

「我沒有衣服」是很多女人的口頭禪。約會的時候，女人找不到一件滿意的衣服；逛街的時候，女人找不到合適的衣服；出差的時候，女人找不到稱心的衣服……

女人還有一個毛病，就是無法容忍自己與別人「撞衫」。如果不幸遇上，那麼女人以後都不會再穿這件衣服。

先說個小笑話。男人說：「女人是喜新厭舊的動物。」女人想都沒想便反駁說：「誰說的，我們也很念舊的。」男人一臉壞笑著說：「是嗎？那麼，妳們懷念以前的什麼東西呢？」當女人思索的時候，男人又問了句：「是年齡吧！」

如果有一個男人大聲說，女人是喜新厭舊的動物，肯定會有一堆女人圍著這個男人，非要他說清楚，女人爲什麼喜新厭舊。

男人一下子被這麼多女人圍住，有些害怕，他心裡清楚得很，如果說不出個所以然來，後果真的很嚴重。男人故作鎮定地整理了一下頭髮，清了清喉嚨說：「女人的衣服最多，可是依然不斷的買衣服。有的衣服只穿過一次，有的呢？從買回來就沒穿過，一直放在衣櫃裡。難道這還不叫做喜新厭舊嗎？」

這時候，在場的每個女人都想到了自己的衣櫃。每個女人都有幾十件衣服，不同的款式、不同的色彩、不同的質地，女人的貪婪在此時表露無遺。而每件時裝都不會在女人身上停留太久。

衣服的最終歸處是衣櫥。女人的衣櫥是一個奇怪的地方，裡面裝有女人太多的情感、追求與夢想。衣櫃實在是很擁擠，而女人雖然不再穿它們，卻也捨不得拋棄。

衣服成了女人們的另一張「臉」，父母賜予的面容無法改變，不過各式各樣的衣服卻可以讓女人表現出萬種風情。女人不惜重金、不遺餘力，苦苦追求並執著探索。女人最愛逛服裝店，有的時候經濟窘迫只能看看，但還是有店必看，百逛不厭。女人通常是精打細算的過日子，唯獨面對自己喜愛的衣服時會失去理智。即使只是一瞬間的喜歡，也會買回家，於是了女人衣櫃裡會有一次都沒有穿過的衣服。

「我沒有衣服」是很多女人們的口頭禪。約會的時候，女人找不到一件滿意的衣服；逛街的時候，女人找不到合適的衣服；出差的時候，女人找不到稱心的衣服……

女人還有一個毛病，就是無法容忍自己與別人撞衫。如果不幸遇上，那麼女人以後都不會再穿這件衣服。

被圍攻的男人看到女人不說話，有些洋洋得意，這時候，一個女人說話了：「這怎麼能算是喜新厭舊呢？最多只能說，女人愛漂亮，漂亮的衣服成了女人的裝飾與點綴。讓平凡的女人變得鮮活，讓漂亮的女人更加美麗。」

有了第一個說話的，就會有第二個：「我承認我的衣服很多，不過穿衣服總要穿出自己的個性吧！再說，跟著時尚的步伐走，這有什麼不對嗎？要是我現在拿出一件八〇年代流行的衣服給你穿，你肯穿嗎？」

男人似乎又覺得女人說的都對，女人天生就愛漂亮，女人是一道風景，特別是在陽光明媚的夏季，女人構成了一道豔麗的風景。有的前衛，透著個性；有的大膽，透著性感；有的復古，透著懷舊；有的一身休閒，透著舒適與自然……男人想想，自己很多時候，都忍不住盯著女人看呢！男人不由自主地笑了起來。

圍著男人的女人搞不清楚他笑什麼，其中有一個很大聲說：「你笑什麼啊？你快說，女人爲什麼喜新厭舊？」男人這才想起自己的處境。想到女人的喜新厭舊，男人不免有些傷感，沒好氣地說：「要是女人不喜新厭舊，那麼我女朋友就不可能喜歡上別人，把我給甩了。」

不提到情感還好，一涉及到這種敏感的話題，很多女人都有些激動，有一個說：「噢！原來是因爲這個，你才說女人喜新厭舊的呀！」另一個女人很憤怒的說：「哼！女人喜新厭舊？男人才喜新厭舊呢！當一個女人喜歡上一個男人的時候，女人的世界全是這個男人的影子，有些時候連自己都沒有了。可是，男人還是會另尋新歡，暗渡陳倉。我看，男人才喜新厭舊呢！」

女人說話的架勢，似乎想要吃掉面前的這個男人，男人有些心驚膽顫，額頭上的汗都冒出來了，他用手摸了摸額頭，看著女人說：「妳先別激動啊！我可不是那種男人。」

第三個說話的女人很平靜：「不瞞你們說，我就拋棄過男人，但不是因爲有了新歡。他對我怎麼說，他性格太內向了，我們在一起沒有共同話題。分手的時候，我們都很難受。」

第四個女人說：「對於感情，除了那些玩弄感情的人之外，不論是男人還是女人，一開始的時候都是抱著美好的希望，至於爲什麼半路上發生了改變，這需要問當事人雙方，喜新厭舊是誰都不想要發生的。」

女人善用智慧

有太多的女人關注自己的容顏，可是紅顏終究會變老、變醜，而善用智慧的女人，才是眞正美麗的女人。

女人的身上有很多寶貴的特質，比如美麗、魅力、青春的活力，還有智慧。是的，女人的智慧是最寶貴的。

聰明的女人總是靠智慧贏得生活與事業上的勝利。她們從來不依靠自己的美貌和身材去爭取這一切，因爲她們十分清楚，美貌是最不誠實也是最不可依賴的，因爲隨著時光的流逝，青春美貌將會不再，而智慧的累積卻會使一個女人受用終生。

張曼玉就是運用她的智慧，使自己登上了國際明星的寶座，也給她增添更多的魅力。

張曼玉看起來有一種氣定神閒、雍容華貴的感覺。她給人的第一印象並不是個漂亮的女人，但絕對是一個美麗的女人。這種美麗是一點一點的磨練累積起來的。剛踏進娛樂界的時候，她沒有自己的風格和特色，在別人眼裡她就是花瓶。

慢慢地，她拍了很多的片子，讓別人記住她是好看的，笑容是燦爛的。一九八八年，由她主演的《流金歲月》，讓所有人看到了一個全新的張曼玉，不同於以往花瓶角色，這是她演藝生涯中一個重要的轉捩點。一九八九年她主演了《人在紐約》，這是一個經濟上獨立的女性角色，張曼玉不慍不火的表現令她在銀幕上大放光彩，並爲她勇奪人生際遇的第一個獎項——第二十七屆臺灣金馬獎「最佳女主角獎」，打下了堅實的基礎。第二年，她又憑《不脫襪的女人》再次贏得香港電影金像獎「最佳女主角獎」。

一九九一年，她在關錦鵬導演的《阮玲玉》中扮演阮玲玉。影片未開拍就鬧出「易角風波」，但張曼玉用行動證明了導演的決定是對的。柔弱冷靜的氣質、略帶誇張的表演、偏慢的肢體語言，以及在蒙受不白之冤後匆匆回眸間的絕望、氣憤，尋死的決心及眼神，征服了所有大獎的評委。阮玲玉這一角色獲得包括柏林國際電影節銀熊獎，芝加哥、日本、香港和臺灣在內六個「最佳主角」獎項。她成爲第一個獲得國際大電影節中最佳女主角的亞裔女性。同年，她的另外一部影片《新龍門客棧》也受到各界一致好評。

即便是與法國著名導演奧利華亞塞耶斯結婚之後，張曼玉也沒有把自己封鎖在婚姻的圍牆裡，她演出了張藝謀導演的《英雄》，我們不能不說，張曼玉是一個具有智慧的女人，她不想依靠丈夫。

雖然這段婚姻只維持了短短幾年，但是她坦誠，自己還是很感謝奧利華亞塞耶斯，因為從他那裡學到了很多，更懂得與人的溝通，而不是局限在自己的小圈圈裡。

三十六歲的張曼玉被問及目前的生活，她是這樣回答的：「我知道自己已經不太年輕了，也許沒有以前漂亮，但另一方面，我會努力想開一些。三十六歲有三十六歲的美，比如我更成熟了，更會體諒別人了，我不常去想美或不美的問題，太介意自己美貌會變得不美。」

她的表演越深刻，她也越燦爛，但是，她不談自己的私生活，她總是對別人說：「你們多談談我的電影吧！」她認為大眾關注的應該是她的電影而不是她本人。

張曼玉是一個善用智慧的女人，正是她的智慧讓她顯得更美麗。眞正有智慧的人，不會將聰明當智慧。有些人聰明反被聰明誤，沒有一顆平常的心，耍弄聰明，這樣是不會有好結局的。

《紅樓夢》中的王熙鳳就是一個典型。她是書中的靈魂人物，描寫她的篇幅在書中占的比例要比林黛玉、薛寶釵多很多，可見作者的偏愛之心。她聰明，但是聰明過了頭，專門耍權弄段，最後還不是悲慘收場。一生聚財轉眼消失，丈夫對她如同敵人，正是「機關算盡太聰明，反誤了卿卿性命」。

眞正有智慧的人，都是攻心爲上。武則天當政時，有宰相狄仁傑和姜師德。狄仁傑總是想盡辦法排擠姜師德，兩人面和心不和。某一天，武則天問狄仁傑說：「我信任並提拔你，你可知其中的原因？」

狄仁傑回答道：「我憑文才和品德受朝廷任用，不是平庸之輩，更不靠別人來成就自己的事業。」

武則天沉思了一會兒，對狄仁傑說：「其實，我原來並不瞭解你的情況，你之所以有今天，之所以會得到朝廷的厚遇，全靠姜師德的推薦呀！」隨後，讓公公取出一個竹箱，找出約十件關於姜師德推薦狄仁傑的奏本，賜給了狄仁傑。狄仁傑看完奏本，覺得很慚愧，一直以來，自己都想盡方法要把姜師德趕出京城，沒有想到他卻一直在推薦自己給皇上。

狄仁傑趕緊向武則天下跪，惶恐的向武則天承認自己有罪。武則天沒有責備他。狄仁傑放棄了對姜師德的成見，兩人共同輔佐武則天，將朝廷治理得有聲有色。武則天就這樣不費九牛二虎之力，只用一招便「收買」了剛硬的狄仁傑。有太多的女人關注自己的容顏，可是紅顏終究還是會變老、變醜，善用智慧的女人才是眞正美麗的女人。

女人對待愛情和婚姻的態度

無論是傳統的東方女性，還是開放的西方女性，在對待愛情和婚姻的態度上都是一致的，都是把家庭放在第一位，希望與自己心愛的男人廝守一生。

愛情是人類永恆的話題，是女人的滋潤劑，是女人永保活力的一劑良藥。無論是傳統的東方女性還是開放的西方女性，在對待愛情和婚姻的態度上都是一致的，都是把家庭放在第一位，希望與自己心愛的男人廝守一生。

莫言是大家公認的漂亮女人，不過上天似乎不因爲她的美貌而垂青於她。

第一次婚姻是莫言選擇的。這個男人雖沒有很高的收入，但是莫言喜歡他的細心，婚後的生活也很不錯。一年之後，莫言生下了可愛的女兒，但是男人在三年後出軌，莫言沒有像其他女人那樣委曲求全，而是毅然決然的提出離婚。離婚後，莫言帶著幼小的女兒生活，辛苦與內心的痛苦自不必言說，但是她在人前還是一樣的光彩動人，工作起來比從前多了一份內斂與幹練，一路從部門主管升爲銷售經理。

曾經一度，莫言感覺自己不再需要婚姻了，全心全意地愛過也痛過，還不夠嗎？又一個男人在她的生活中出現了，莫言毫不顧忌的告訴男人，她曾有一段不完整的婚姻，現在自己帶著女兒生活。男人說：「我知道。我喜歡妳，並不是因爲妳外在的漂亮，而是因爲妳對生活的豁達。」

莫言再次大膽的敞開心扉，接納眼前這個男人。對於這段戀情，人們眾說紛紜，有說莫言貪圖對方的身分與地位，有說莫言是不甘寂寞，而莫言並不在意人們說些什麼，她認爲這本來就是個人的事情，與外人無關。她回敬人們的是依舊不改的美麗，只不過多添了一份女人的成熟。

莫言在事業高峰的時候決定隱退，與男人結婚，並在三十二歲的時候，生下一個男孩。莫言不再出去工作，在家裡照顧著孩子，等待男人每天回家給她的那個吻。

莫言還是一樣的漂亮，不過現在的她是幸福的。不少朋友欣賞莫言對待愛情和婚姻的態度，是啊，女人一生最渴望的莫過於和自己心愛的男人廝守一生。

有一個關於女人的故事：年輕的亞瑟國王被鄰國的伏兵抓獲。鄰國君主被亞瑟的年輕和樂觀所打動，沒有殺他，並承諾如果亞瑟一年之內能夠回答一個非常難的問題，就還給亞瑟自由，否則要處死他。

這個問題是：女人眞正想要的是什麼？

年輕的亞瑟回到自己國家，開始向每個人徵求答案，最後，一個女巫幫他解決了難題。女巫說：「女人眞正想要的，是主宰自己的命運。」一句話解救了亞瑟的生命。

是啊，女人最想要的，是能夠主宰自己的命運，何況愛情？

林憶蓮不僅歌唱得好，還是一個懂得善待自己的女人。在與李宗盛離婚的前前後後，她表現得是那樣鎭靜而大氣，而且以一般女人做不到的勇氣，發佈了一個充滿人性和包容的「離婚宣言」。

有人說，那是名人的瀟灑。瀟灑？一樣是女人，在情感上同樣提起容易放下難，在無人的暗夜裡，她就沒痛過、哭過？只是，那個男人已經不愛她了，委曲求全有何用？折磨自己何苦呢？有這些時間自慚形穢，還不如學會好好經營自己，把自己打扮得更漂亮，武裝得更堅強，在淚與痛裡，將自己修鍊得更優雅。

聰慧的林憶蓮做到了，這也是女人對待愛情與婚姻的態度。「得之我幸，不得之我命」，女人想要的不過是眞摯不渝的愛情，如果這個男人給不了，那麼女人會立刻收手。要嘛不愛，要愛就要愛得全心全意、徹徹底底。

在李宗盛還沒有明確的新歡時，林憶蓮的身邊已經多了一個青梅竹馬的戀人，穿著一襲浪漫的情侶裝，享受男友細心的呵護，看那幅景象，眞是越看越歡喜，這個叫林憶蓮的女子，實在是給女人長了志氣。沒有了李宗盛，生活又是一番新天地。

好萊塢影星布萊德．彼特與安妮斯頓分手後，安妮斯頓說：「我愛彼特，我確實很愛他，在接下來的人生歲月裡，我會依然愛他，我不會爲自己付出這樣的感情而後悔！」這個女人很清醒，知道自己選擇的是什麼，愛的是誰。

有些女人走進婚姻，即便是深宮孽海，也不肯出來。她們委屈求全，說自己都是爲了孩子，而把責任歸結於男人的不忠。而有些女人則不會把所有的責任都歸結到男人身上，先不說那樣對男人公平不公平，她們覺得這樣的婚姻首先對不起自己。愛情自己做主，找個屬於自己的心靈世界，尋一個寬闊的人生舞臺，即便辛苦，卻可以在自己選擇的愛情裡盛開，也遠比在卑賤的糾纏中枯萎好。

女人無法忍受男人的背叛

很多女人不會輕易接納愛情，不過，一旦她們決定投入自己的感情，就必定會投入全部的感情，因為女人已經在心裡認定了這個男人是一輩子的伴侶。當男人背叛女人的時候，無論男人怎麼解釋，都起不了任何作用，女人會決絕的跟男人say goodbye。

現代女性可以與男人一樣，擁有高薪工作，她們的工作表現會令男人吃驚，女人的機智與細膩，不管遇到多麼棘手的事情，也可以運籌帷幄，處理妥當。女人可以承受工作的壓力，但是，女人像男人一樣，無法忍受感情的背叛。一旦她們決定投入感情，必定會投入全部的感情，因為女人已經在心裡認定了這個男人是一輩子的伴侶。

岳紅有一份自己喜歡的工作，她是一名香水設計師。岳紅起初只能分辨五百種氣味，後來可以分辨四千種。在法國，岳紅遇見了現在的老公，當時，他還是一個台灣留學生，濃眉毛、高鼻子，穿著淡藍色外套與深藍色牛仔褲，渾身上下都散發著生氣。在異國相遇，他們一見鍾情。

兩年之後，他們回到台灣登記結婚。婚後的生活沒有了在法國時候的浪漫與激情，岳紅每天聞到早上的烤麵包香、晚上的啤酒香與新鮮蔬菜拌炒在一起的飯菜香。有一次，岳紅在老公的西裝上聞到了香水味道，而這種香水是岳紅沒用過的。老公脫下衣服急急忙忙進了浴室洗澡，忘記拿換洗的衣服，在浴室裡喊岳紅。

當岳紅拿著老公的衣服推開浴室門的時候，她還聞到了剛才的香水味道與另一個女人的體香。接下來的一個月裡，這種味道一直在老公的身上出現，而他也不時地以各種藉口晚回家或不回家。在老公又一次晚歸的時候，岳紅把準備好了的離婚協議書拿出來，「我想你不需要驚訝，在你第一次出軌的時候，就已經背叛了我，還有我們的愛情與婚姻。」老公辯解說：「妳有什麼證據說我背叛了妳？」

岳紅笑了，「你的心不是最好的證據嗎？你已經不再愛我了，否則你不會無視我的存在。」岳紅的婚姻就這樣宣告失敗，在離婚協議書上簽字的那一刻，她的心情似乎輕鬆了許多。

很多人都說女人有第六感，而且很靈。這種說法並不可信。女人察覺到床頭人的改變，這是很正常的事情。

女人無法忍受男人的背叛，在有些女人的觀念裡，愛情是純淨的，裡面不能有一絲一毫的雜質，就像一首歌裡唱的，「愛人的眼睛裡容不下一粒沙子」。聰明的女人會重新為自己選擇一條路來走，既然男人的心已經不屬於她們了，就算留住男人的身體又有何用？不過是一段名存實亡的婚姻。

有一些女人在得知男人背叛了她們的時候，會選擇報復，「以彼之道，還施彼身」，她們要男人也品嘗一下遭背叛的苦澀。可是，這樣做的結果通常會更糟。男人可以容許自己出軌，卻不能接受自己的女人做出對不起自己的事情。這時候，即使女人不想離婚，男人也會提出分手。有很多女人還是愛著自己的丈夫，只因無法容忍男人的背叛，一失足成千古恨，後悔莫及。

同樣是無法忍受男人的背叛，女人的表現卻有很多種，一哭二鬧三上吊者有之，委曲求全者有之，因愛生恨加以報復者也有之，毅然決然分手的女人是最聰明的，她們更懂得生活，快樂是自己的，為什麼不讓自己的生命變得快樂呢？

女人更希望得到男人的認同

女人經常這樣說：「如果你愛我，請表現給我看！」、「如果你關心我，讓我看到你的眞心，拿出你的證據。」就像這樣，女人要的是證據，可以證明她被認同的證據。

很多女人渴望受重視，因此她們總是在找各式各樣的理由幫助別人，來證明自己的存在，更確切的說，想引起男人的注意，得到他們的認可。

女人有被認同的欲求，更希望那些看得到形式的認同，例如，用眼睛、耳朵確定自己存在的價值。很多女人都樂意幫助別人，如果附近有哪家遇到困難或者聚會，跑去幫忙最多的肯定是女人。其實根本沒有人要求她們，都是她們自己主動去的。但是，也並非所有的女人都願意去幫助別人。來幫忙的女人，很多都是想來確認自己在別人心中的位置，看看自己是否被疏遠，是否被忘記，是否還被重視。

女人很在乎外界對自己的看法。這個社會對勤勞、努力工作的女人有很高評價，所以沒有自信的女人特別喜歡去幫助別人，以便發現自己存在的價值，博取別人對自己的讚美以求安心。當自己的辛勤工作幫助別人達到成功或者圓滿，她就會感覺到滿足，而當別人感謝她，肯定她存在的價值，她會更加高興，也就更有自信。

女人們在得到重視和認同時，還想得到有力的證據來證明自己，不然，她們的心裡會有失落感。很多有名的偵探都是男人，雖然也有女偵探，但是女偵探沒有男偵探那麼幽默和風趣。爲什麼呢？因爲女人都比較死板，特別局限於「證據」。

女人經常這樣說：「如果你愛我，請表現給我看！」「如果你關心我，讓我看到你的眞心，拿出你的證據。」就像這樣，女人要的是證據，可以證明她被認同的證據。

男人和女人則不同，男人面對抽象的東西也會滿足，而女人只對現實的、有形的、眼睛和耳朵可以感知到的具象才會滿足。例如，兩個人約會，男人不拉著她的手或者攬著她的肩膀過馬路，她都會懷疑男人是否愛她？甚至神經質的提出分手。妻子做了一道剛剛學會的菜，會頻頻追問老公：「這道菜怎麼樣呀，好吃嗎？以前沒有吃過吧？」妻子去做了一個新髮型或者剛買了一件新衣服，都要詢問老公的意見。她們是希望得到男人的讚賞，所做的一切希望男人給予肯定。

有一則報導說，一批研究人員調查社會的離婚現況，在一些女方提出的離婚申請中意外發現，很多女人的丈夫有經濟實力，衣、食、住、行的條件都很優越，夫妻也不是感情破裂，她們要求離婚的眞正原因讓人很難想像。這些女人說：「因爲他從來不會說，『多虧妳的幫助，讓我全心投入工作，我很感謝妳給我的支持。』老公根本不重視我的付出，我的努力得不到他的認同。」這是她們提出離婚的唯一理由。即使男人心裡有滿滿的感謝，但是沒有讓她們聽到、看到，她們的心理就失去平衡。

其實這篇報導並不是例外，因爲女人普遍存在著被認同的欲求，她們希望男人給予自己有形的肯定。

不完美的女人

體貼女人的缺點

正如同任何事物都不可能完美，女人也有其不完美的一面。然而，很多時候正是這種不完美，反而彌補了女人的缺陷！男人有一句話會讓所有正常女人都感動，那就是：「愛妳，是因為知道妳是不完美的女人。」

上帝沒有賜予所有女人冰清玉潔的肌膚、撩人心旌的丰姿、柔聲細語的惹人憐愛、勾魂攝魄的冷豔……所以任何一個女人都不可能既冰清玉潔又撩人心旌，既惹人憐愛又勾魂攝魄。然而，正是上帝的故意，才成就了多姿多彩的女人世界，或冰清，或撩人，或惹人，或勾魂……女人的不完美，才顯得女人如此的完美！

女人是愛慕虛榮的

女人有些虛榮心是可以理解的，哪個女人不愛漂亮，又有哪個女人不喜歡漂亮衣服、不追逐流行時尚？不過，不要放任這種虛榮心肆意滋長，否則將後悔莫及。

女人都喜歡打扮，女人對漂亮服飾的熱情是男人心中永遠的痛。男人無論有沒有錢，都不能阻止女人去購買好衣服，否則就會招致女人的埋怨，委屈地說：「我穿得漂亮一點還不是爲了你，你幹嘛不領情？」

女人多多少少都會有點虛榮心，希望自己是與衆不同的，特別是穿著打扮，不希望有人與她們相同。不過，如果這種虛榮心發展成爲愛慕虛榮就有些可怕了。

小海和露露是一對青梅竹馬的戀人。有一天，他們牽著手去逛街。經過一家首飾店門口時，露露被一條擺在玻璃櫃中的心型金項鏈迷住了，她心想，我的脖子這麼白皙，配上這條項鏈一定很好看。小海看到露露流露出的依依不捨，可是他摸摸自己的錢包，臉一下子紅了，只好拉著露露走開。

幾個月後，露露的二十歲生日到了。

在露露的生日宴會上，小海喝了很多酒，才有勇氣把給露露的生日禮物拿出來，正是露露心儀的那條心型金項鏈。

露露十分高興，當眾吻了小海的臉。小海憋紅著臉，搓著手，囁嚅地說：「不過，這項鏈是……銅的……」聲音很小，但所有的朋友都聽見了。

露露的臉漲得通紅，正準備戴到自己那白皙漂亮脖子上的項鏈，被揉成一團，隨便放在牛仔褲的口袋裡。「來，喝酒！」女孩大聲說，直到宴會結束，女孩再也沒看男孩一眼。

不久之後，一個男人闖進了露露的生活。男人說，他什麼都沒有，就只有錢。當他把閃閃發亮的金首飾戴到露露身上的時候，也俘虜了她那顆愛慕虛榮的心。他們很快便在外面租了一間房子同居了。

男人對露露百依百順，露露暗暗慶幸自己在男孩和男人之間的選擇。

對於露露來說，那眞是一段幸福的日子。但是好景不常，在露露發現了自己懷孕的同時，男人也不見蹤影。當房東再一次來催她繳房租時，她只得走進當鋪，把自己所有的金首飾擺在櫃檯上。

老闆瞇著眼睛，看了所有的金首飾一眼說：「妳拿這麼多鍍金的首飾來做什麼？」

露露一下子愣住了。

突然，老闆的眼睛為之一亮，翻開一堆首飾，拿出最下面的那條項鏈說：「嗯！這倒是一條眞金項鏈，値一點錢。」

露露一看，這不正是小海送給她的那條「假」金項鏈嗎？

當鋪老闆把玩著那條心型項鏈問：「喂！妳這條首飾打算當多少錢？」

露露忽然間一把奪過那條項鏈就跑掉了。

按照心理學的解釋，虛榮心和其他的心理一樣，都取決於人的某種需要。自尊心是每個人都有的，只是程度有點不同。所謂的自尊心就是要求得到他人尊重的心理。自尊心和虛榮心既有關連也有區別。其關連在於，虛榮心強的人自尊心也比較強；其區別在於，虛榮心是一種過分膨脹、扭曲的自尊心。所以說，虛榮心就是虛假的自尊心。與男人相比，女人的自尊心更強。就拿女人擇偶所表現的虛榮心來說吧！

只要對象可以給自己「增光」，不管是他的爲人如何，思想、感情、個性能否與自己契合，都可以成爲自己的「意中人」。

愛慕虛榮的女人，不在乎眞正的榮譽，因此女人會嫁給一個對她百依百順，肯爲她花大把金錢，但各方面都不如她的男人，絲毫也不在乎別人「鮮花插在牛糞上」的惋惜。

有些女人一心想嫁個金龜婿，看中的是對方的金錢、權勢。她們追求的不是對方的人品、個性、志向、修養、內涵等美好的內在潛質，而是能爲自己提供多少「面子」的條件。

從人的心理表現看來，很多人都喜歡和有名望的、有錢的人認識、交往。這其中也有「面子」的因素，但是太注重「面子」，也就過於虛榮了。

再者就是女人的戀愛方式。戀愛是是戀人之間相互瞭解的過程，這種瞭解，本來與金錢就沒有必然的聯繫。在共同的喜好當中，用言語溝通增進感情，在接觸中逐步深化瞭解。但是女人常常很重視金錢在這個過程中的作用。她們在乎男人擁有的財產，好像對男人的感情與金錢的數目成正比。

在戀愛過程中，如果男人花錢沒有女人預想的多，她就會不高興。去飯店要去高級的，買東西要高價的，送禮要送值錢的，否則就是不被重視，沒有被看得起，在別人面前感到很沒有面子。實際上，這些表現都是女人的虛榮心在作祟。

由於女人的虛榮心在戀愛過程中作祟，就會讓相互瞭解有了虛假的成分，而存在愛情的危機。建立在物質上的愛情不會長久，更何況建立在虛榮的感情上。

女人有些虛榮心是可以理解的，哪個女人不愛漂亮，又有哪個女人不喜歡漂亮衣服、不追逐流行時尚？不過，不要放任這種虛榮心肆意滋長，等到哪一天後悔，這世上可沒有後悔藥可買。

為什麼美麗的女人煩惱多

很多人都羨慕美麗的女人，甚至是嫉妒她們姣好的容顏，迷人的身材。不過，人們看到的都是美麗女人光鮮的表面，誰知道美麗帶給女人的煩惱又有多少呢？有的女人甚至希望自己生來就沒有這樣的美貌與身材，只希望能有一個平凡安穩的人生。

美麗的女人具有天使的臉孔，魔鬼的身材，別具一格的氣質。她們的條件令多少人羨慕，爲什麼還會有煩惱呢？是的，美麗是女人最優越的條件，但同樣也潛伏著危險。

男人對於美麗的女人有本能的衝動。美麗的女人稍微放鬆戒心，就會有不懷好意的男人製造圈套，引起很多不必要的麻煩。對美麗的女人來說，最煩惱的痛苦是「性騷擾」。美麗的女人經常在工作中受到顧客或者同事，甚至上司的騷擾。在生活中，也經常會碰到類似的困擾。

有一部電影講述一個美麗的女人受到上司性騷擾。她反抗，上司把她調到最累、最髒的倉庫發放貨物。但是她沒有被嚇倒，她告到法庭，很多人都不能理解，阻止她訴諸法律，還有的用鄙夷的眼光看她，甚至對她說：「小女孩，如果妳告了，妳的清白也就沒了。」

公司裡沒有一個人肯幫她，第一次出庭的時候，她沒有證人，被駁回；第二次，還是沒有證人。她於是又上告。她的上司在公司被老闆罵得狗血淋頭，受到了冷落。這時，公司的同事才稍稍給她一些鼓勵，她費了很大的精力，終於找到一個證人，讓她可以在法庭上討回她的自尊，也還了自己的清白。

很多人都羨慕美麗的女人，甚至是嫉妒她們姣好的容顏，迷人的身材，不過人們看到的都是美麗女人的表面，誰知道這種美麗帶給女人多少煩惱？有的女人甚至希望自己生來就沒有這樣的美貌與身材，只希望能有一個平凡安穩的人生。

麗蓮是一家大公司的秘書。雖然年近三十，依然美麗迷人。她曾經受到三年之久的性騷擾，大部分是她的上司對她的騷擾，具體情形是這樣的：

麗蓮剛去當秘書的第一年，上司對她還很尊重，也很支持她的工作，她的工作表現也讓上司滿意。但是到了第二年，上司總是找各種藉口到麗蓮的辦公室，和她東扯西扯，漸漸的就不是那麼的自重，經常說一些不堪入耳的下流故事，甚至在沒有人的情況下，往她身上靠，藉機動手動腳。一開始，麗蓮感覺事情不是很嚴重。在她看來，和上司的關係融洽又沒有什麼壞處，在當今的社會風氣下，把男女關係看得太認眞，會被別人認爲是神經質。

然而，事情並不是她想像的那麼簡單。在一個夏天的中午，天氣非常的熱，麗蓮到公司的浴室去沖澡。浴室和休息室連在一起，她先把休息室的門鎖上，浴室的門就沒上鎖。正當她在浴室淋浴的時候，上司在她的辦公室拿到了備用鑰匙，開門進來。在毫無警覺的情況下，她被他的淫威嚇到了，只得屈服。她非常後悔也非常的懊惱，無法再忍受那樣的煎熬，最終還是辭職了。

以上的兩個例子很具有代表性，有類似情況的女人應該引以爲戒，不能縱容對自己有不良意圖的人，對自己的防範措施不能有一點點鬆懈。如果自己防範不力，就會導致更大的傷害。

還有一個美麗的女人，長期受到同事們的性騷擾。她是一家機關的工作人員，同事們總是對年輕貌美的她不懷好意。他們利用各種方法，找機會調戲她，經常趁她不注意的時候吃她的豆腐，有的則是盯著她的胸部看。她坐在椅子上的時候，稍不注意把腿打開了，就會有同事跑到她的面前，蹲下來繫鞋帶，還會斜著眼睛，後來她才發現，他們不是繫鞋帶，而是要藉機偷窺她的裙底風光。她最後只好放棄了工作。

美麗的女人並非佔盡優勢，她們也有滿腹苦惱，所以愛美的女人要小心了。

男人不懂得女人心

女人喜歡說反話，這是男人很難理解的，因爲男人太理智，思考問題太具有邏輯性，他們不懂得這只是女人在使性子，想要男人來哄哄她們。

女人會在天氣變涼的時候，要求男人多穿件衣服，如果男人不願意穿，女人會苦口婆心，男人就會說一句：「我又不是小孩子，難道我不知道冷暖嗎？」

女人會在情人節那天，等著男人送上一朵玫瑰花，如果男人沒做到，女人就有些失落，男人會說：「妳看妳，怎麼這麼小心眼，不就是一朵玫瑰花，有必要如此嗎？再說，我們都老夫老妻了，還用得著嗎？」

女人會在和男人一起出門的時候，花很多時間裝扮自己，如果男人等得不耐煩，催促說：「好了沒啊？妳怎麼這麼慢！」

女人雖然嘴上沒說，心裡卻在抱怨：「你怎麼這麼不懂我的心呢？」就因爲如此，女人會一次次地提出：「我們分手吧！」

男人只是出於本能表現出憤怒，他會猜疑她是不是另結新歡背叛了他，他會大聲斥喝她，在女人眞正轉身的那一刻，男人除了悲憤地看著她離去的背影，而沒有一句挽留的話。

女人則一直期待男人跑上來，拉著她的手，挽留她說：「寶貝，我愛妳，別走！」她們等到淚已乾，卻仍然聽不到任何挽留，愛情就這樣逝去了。

說分手只是爲了被挽留！男人怎麼會懂得女人的心？

每一次說分手，女人都很害怕，怕男人會眞的離去；每一次說分手，女人都很期待，期待男人的挽留，讓她知道男人還是很在乎她，捨不得她走；每一次說分手，女人都很無奈，男人的一些微妙變化讓她不再肯定他是否還那樣愛她，所以她拿放棄當作賭注，如果輸了，只能證明男人眞的不夠愛她！當每一次的分手成了事實，女人會傷心欲絕，男人爲什麼不懂女人的心思？

有些女人說分手並不代表眞的想和男人一刀兩斷，其實，女人還是愛男人的，只是太在乎男人了，男人的一些微妙變化讓女人恐慌，讓女人心有不安。只是女人想弄明白男人是否還愛著她？如果男人連挽留的勇氣都沒有，就只能說明，男人眞的不愛她。

女人以爲，愛情的迷茫會讓自己有足夠的勇氣，做好準備等待男人最糟糕的答案；女人以爲愛情就像一個開關，可以啪地一聲打開，啪地一聲關閉；女人以爲及時撥掉電源就可以倖免於毀滅；女人以爲分手可以解決所有的困惑、痛苦、憂鬱；女人以爲緩慢的時間可以癒合斷裂；女人以爲她說分手的時候，男人會挽留她！

然而，這都只是女人的一廂情願，多少男人只能默默看著自己心愛的女人離去而沒有挽留？男人覺得自己並沒有對不起女人，如果說分手只能有一個理由，那就是女人已經不再愛男人了。而女人卻在苦苦等待男人的挽留，並千萬次的問自己：爲什麼男人不懂女人的心思？女人只有獨自在黑夜中哼著悲曲，用淚水一遍遍洗刷心中的苦澀……

女人眞的很喜歡說反話，而這是男人很難理解的，因爲男人太理智，思考問題太具有邏輯性，他們不懂得這只是女人在使性子，想要男人來哄哄她們。

男人本來說好陪女人逛街的，可是工作一忙起來，竟然把這件事忘得一乾二淨。

女人在生男人的氣，男人不忍心看著自己心愛的人生氣，可是又放不下面子向女人賠不是。男人特地泡了一杯花茶給女人端了過來，陪著笑臉：「喝口茶吧！」

女人把頭一甩，不理睬男人，說了句不喝。男人覺得女人應該明白自己的用意，可是為什麼會有這樣的反應呢？

女人把後腦勺對著男人，察覺到男人沒有動靜，心裡在想：笨蛋啊！還不快來哄哄我，不就沒事了。

可是男人眞的以為女人不原諒自己，獨自來到陽臺，心情煩悶的抽起煙來，不知道如何是好。這時候，女人就在感歎：眞是笨蛋，怎麼就不懂得我的心思呢？

事情過去了好些日子，當女人重新提及，把她的心思說給男人聽，男人瞠目結舌：這麼難懂的道理，我怎麼能體會啊？我還以為妳在生我的氣呢！害我都不敢靠近妳。誤會終於解開，男人慢慢品味著女人，不禁感歎，唉！眞是令人費解的尤物啊！

當女人愛上男人的時候

當女人愛上男人的時候，總是喜歡按照自己的想法來衡量男人，而沒想過男人畢竟不是女人，怎麼能體會女人的需要？

一旦女人愛上一個男人，不管是相愛還是單戀，她的行為便不能用常理來解釋。她會變得瘋狂和古怪，不自覺地收集關於那個男人的一切訊息；她的神經末梢變得異常敏感和發達，一經碰觸便會突然興奮起來。這個時候，如果男人夠靈敏，就應該假裝「睡著了」，否則，後果自負。

幽幽最近戀愛了，人比之前敏感了許多，神采奕奕的，有一種小女人的味道，渾身散發著幸福的氣息。

幽幽的男朋友維嘉工作比較忙，但他總是盡量挪出時間陪幽幽。有一次約幽幽去看電影，當幽幽梳妝打扮走出來的時候，維嘉已經在門口了。

幽幽問了句：「你等我很久了吧？」邊說邊往副駕駛座走了過去。維嘉連忙說：

「沒有，我也是剛到。」幽幽不高興了，「你不需要騙我，如果是剛到，引擎怎麼會是冷的呢？」維嘉有些難堪，幽幽繼續說：「我覺得兩個人之間最重要的是信任，你覺得對嗎？我不希望我的男朋友欺騙我，也最不喜歡這種人了。」

你是不是有些佩服這個女人，不過，在佩服的同時又有幾分害怕？男人絕對想不到女人會透過觸摸引擎來判斷他有沒有說謊。當女人愛上男人的時候，女人會十分在意自己眼前的男人，敏感當然是少不了的，不過，如果是過於敏感，就有些讓男人難以接受了。

當女人愛上男人的時候，女人的美麗和修養讓男人忘情，他眞誠地渴望爲對方付出。而男人的出現，讓一直與孤獨寂寞做伴的女人告別了沮喪，看到了希望，她們想要擺脫不幸的孤寂，需要感受到男人毫無保留的愛。

大多數男人沒有意識到，女人從他們那裡得到有力的支持，這對女人而言是多麼的重要。女人煩惱了、困惑了、失望了，她最需要男人的陪伴，聆聽她傾訴。只有這樣，她才不會痛苦和孤獨。當女人的需要得到滿足的時候，就會感到非常幸福。

女人與男人不同，男人煩惱的時候，通常會選擇獨處，不希望別人看到自己現在的樣子。而女人則不是，女人這個時候需要男人的體貼、理解、認可與關心，她們渴望感覺到男人在呵護著自己，這一點，男人常常沒有意識到。

女人心情不好，坐在沙發看著電視，其實，電視在演些什麼，她全然不知。她只是在等男人回來，希望能從男人那裡得到安慰。

男人回來了，看到女人似乎不太開心，不知道是問好還是不問好，想了想自己遇到煩惱的時候，最希望的就是不被人打擾，最後男人選擇了不聞不問，把女人丟在沙發上繼續看電視。過了一會兒，女人走到男人面前，大聲質問：「你明明知道我心情不好，怎麼一聲不響啊？我懷疑你是不是還愛我！」

男人有些委屈的說：「我擔心一問妳，就會打擾妳，使事情變得更糟，所以我覺得還是讓妳獨處會比較好。」

這就是男人與女人的差異，男人不知道他與女人聊聊心裡話，可以幫女人紓解壞情緒。

其實，女人這時候恨不得對男人大聲說：「不要走開！聽聽我的牢騷，我的感受需要你來分享，我無法獨自承擔。沒有你陪在身邊，我會難過，甚至會感覺很淒涼。」

有句話說：「戀愛中的女人，智商是最低的。」一點都沒錯，當女人愛上男人的時候，總是喜歡按照自己的想法來度量男人，而沒想過男人畢竟不是女人，怎能體會到女人的需要？女人總是覺得有些事情不需要說清楚，男人自然會明白。女人哪裡知道，男人只是憑藉他自己處理問題的經驗來看待女人，怎麼會懂得女人需要的是什麼。

有首歌唱得好，「愛要說，愛要做」，如果男人聽到女人的請求，他便會使盡渾身解數，傾聽女人的感受，並且滿足女人的需要。

這樣，女人的猜疑、憂慮就會一掃而空，覺得無比快樂。

女人的付出沒有底線

成功的女人懂得如何愛自己的所有。當青春漸逝，她們會擁有飽滿的精神狀態、歲月沉澱下來的智慧和對生活的感悟，這些如陳年佳釀一樣愈顯其甘醇。所以，女人就算願意爲另一半、孩子和家庭付出全部的所有，還是別忘了，千萬別忘了，留一點愛給自己。

在婚姻當中，女人似乎付出得更多一些，女人要負責做飯，伺候自己的男人，照顧孩子，洗全家人的衣服……而女人在做這些事的時候，男人在做什麼呢？男人覺得自己很累，工作了一天，回到家中，終於可以休息了。男人不是坐在沙發上看電視，就是對著電腦流覽網頁，等女人把飯菜做好。

女人在家庭中的付出沒有底線，這似乎就是女人注定扮演的角色，有人開玩笑的說：「女人啊，是家裡的清潔工、廚師，負責大大小小的家務。」

劉家明是畫家，妻子是傳統的家庭主婦。有一天，劉家明在創作的時候，遇到了難題，心情很鬱悶。到了吃飯時間，妻子把飯菜端上餐桌，招呼劉家明吃飯。劉家明有一對雙胞胎女兒，一個有先天性智力障礙，吃飯的時候需要人照顧，從她出生的那天開始，妻子便承擔起這項重任。

吃完飯，妻子像往常一樣開始收拾，劉家明看著妻子忙碌的身影，不禁感歎，說了句：「妳就不能有點自己的愛好嗎？成天除了做飯、洗碗、洗衣服，就沒有別的事情可做了嗎？」妻子不願意聽，但並沒有說什麼。

其實，像劉家明妻子的女人很多，她們並非沒有自己的愛好，只是把自己更多的精力投入家庭中。女人一旦決定付出，必定會付出自己的全部。

女人的付出沒有錯，女人知道男人不會做這些繁瑣的家務事，女人更知道男人的粗心大意，天氣變冷的時候會提醒男人多穿件衣服。丈夫的衣著不整，人家會說他的妻子不稱職；家裡不整潔，人家會說這家的女主人不用心；甚至孩子不懂事，人家也會說孩子的媽媽不盡責。

也有些女人會抱怨，覺得自己委屈，自己做了這麼多，男人卻不懂得女人，還嫌女人沒有自己的興趣愛好。女人在家庭中的付出沒有一點錯，至於委屈眞的沒有必要。

這種付出是有前提條件的，必須是開心的、心甘情願的。

有的男人會害怕女人這種沒有底線的付出，他們感覺到壓力，其實，這也是沒有必要的。什麼事情只要心理平衡就是幸福，不管付出多少、回報多少，因爲心理上的滿足是無法量化計算的。有句話說得好，「家是講愛的地方，不是講理的地方。」但是家也是獲得幸福、讓心休息的地方。

好的愛情是需要一點自律的。理智使愛情優雅、高貴、持久，在此基礎上的付出，才是有價値的。這個世界上從來沒有單方面的付出與收穫，女人也要對自己好一點。

許多女人都把男人視爲自己生命的全部，不知道這些女人有沒有想過，男人只是女人生命中的一部分，生命中必須還有別的寄託，孩子、事業、朋友、愛好……這樣，即使生活中的一部分受挫，也不會影響到其他的部分。

成功的女人懂得如何愛自己的所有。當青春漸逝，她們會擁有飽滿的精神狀態、歲月沉澱下來的智慧和對生活的感悟，這些如陳年佳釀一樣愈顯其甘醇。所以，女人就算願意爲另一半、孩子和家庭付出全部的所有，還是別忘了，千萬別忘了，留一點愛給自己。

女人最重要的是什麼

女人一生最重要的是愛自己，完善自己，提昇自己，愛妳的所愛，無怨無悔。

一堆人聚在一起閒聊，有人提出了一個問題——女人最重要的是什麼？有一女子不假思索的回答：「嫁個好丈夫，有句話說『做得好不如嫁得好』，有一張漂亮的臉蛋，再加上窈窕的身材，便可以嫁一個好老公。」

一個稍微年長一點的女人不認同的說：「這可不一定，唐代美女楊貴妃，應該是嫁得很好，嫁了個皇帝，可惜自己不懂得珍惜，不懂得輔佐皇帝操持國政，天天只想著要如何取悅皇帝，完全沒有自我，最後還是被皇帝賞賜一匹白綾，在荒郊野外結束自己短暫的一生，也給自己留下了禍水的惡名。」

另一個女人說：「對女人來說，最重要的莫過於家庭了，有一個愛她的男人，一群可愛的孩子，這就是女人最幸福的事情了。」

這時候有個男人說話了，「我覺得也不對。結了婚的女人常常會不知不覺地失去了自我，所有的時間都被家庭佔據，每一天圍著廚房與市場不停的轉，年華也在這轉動中悄悄的流逝。當女人以爲自己心甘情願的付出，是爲了這個家庭能夠和諧幸福時，男人卻已開始厭倦了日復一日的生活，厭倦了那個曾經讓他心動的女人。」

一群人到最後也沒說出個所以然來，但都在心裡留下了一個問題：對於女人來說，最重要的究竟是什麼呢？

美貌顯然不是最重要的，不管是多美麗的容顏也都會有變老的一天。再說，如果一個女人雖有著花容月貌，卻空虛、懦弱，缺乏自信，那麼她的美麗也將大打折扣。

麗莎長得清秀可愛，卻自卑得厲害，她從不敢在別人面前表現自己，總是沉默著、躲閃著別人投來的欣賞目光。好看的丹鳳眼也失去了光澤，毫無生動之處。她自己也很苦悶，人是長得漂亮，卻孤獨無友。

後來，麗莎找到了病根，是她太缺乏自信，一個連自己都不能肯定自己的人，如何讓別人感受到你的魅力呢？她一點一點地拾起自信，性格開朗了，生活變得多姿多彩，周圍的朋友也開始關注和喜歡她了。

結了婚的女人，會把大部分精力投入家庭中，對她們而言，家庭是最重要的。

喬安是一個結了婚的女人，每天下班之後，急急忙忙往菜市場趕，她希望丈夫回到家之後，能舒舒服服的吃熱菜熱飯。有了孩子，喬安就更忙了，不再像以前那樣打理自己，很久沒有去美容院做皮膚護理，頭髮也有些乾枯、分叉，但她卻是快樂的，丈夫的工作越來越出色，孩子也在一天天長大。

這時候，丈夫有些不對勁了，不像以前那樣按時回家，有時候甚至徹夜不歸。令喬安擔心的事情還是發生了，丈夫玩起了婚外情。

喬安不解，她把自己的全部都給了這個家，丈夫怎麼可以這樣對她？

不要去怪男人，只能怪女人太安於現狀。人都是喜新厭舊的，當男人每天看到家中的女人都是一副不修邊幅的樣子，身上永遠是那件發黃的睡衣，頭髮因爲很久不去做護理而糾纏在一起，身上永遠是一股油煙味，他能不厭倦嗎？

一個家庭沒有女主人總會顯得很混亂，可是這個乾乾淨淨的家裡，沒有一個漂亮的女主人，它也不會讓男人成爲一個愛回家的人。

女人如花，結了婚，並不代表就要成爲免費保母，如果連自己都不愛自己了，這個世界上怎麼會有人來愛妳？當一個妻子，並不代表要放棄自己所有的愛好，也不要以爲男人給了妳一個婚姻，便會成爲妳一輩子的依靠。沒有一勞永逸的事，只有不斷的充實自己，才不會被男人拋棄，不被社會遺忘。如果這個男人回到家裡，妳與他的話題只是番茄因爲天氣不好而漲了一元，雞因爲禽流感而不賣了，豬肉因爲飼料調漲也變貴了，男人又豈能不厭倦呢？

女人的心態往往決定了幸福觀，不要讓自己與男人的距離拉遠，不要忘了愛美是女人的天性，更加不要忘了要愛自己。

很多女人或許沒有迷人的外表，驕傲的青春，但是她們卻擁有自己獨立的人格、事業和朋友。她們不會因爲丈夫冷落自己，或者離開自己就感覺天塌下來，變成整天哭哭啼啼、怨天尤人、尋死尋活的怨婦，她們每天依然開心的工作、生活，依然給孩子、給朋友最燦爛的笑容，最甜美的聲音，最眞誠的祝福。她們總是給人一種賞心悅目、沐浴春風的感覺，她們深深懂得，不經歷風雨，怎麼見彩虹這一幸福定律。

那麼，對於女人而言，最重要的究竟是什麼呢？

女人一生最重要的是愛自己，完善自己，提昇自己，愛妳的所愛，無怨無悔。

女人應該有自己的立足之本，當男人棄妳而去時，妳也應該像扔掉一塊破抹布般的扔掉他，重新尋找新的生活目標。妳應該愛得豐富多彩，愛自己、愛親人、愛朋友、愛工作、愛妳自己認爲有益和有趣的一切事。

人的一生不過短短幾十年，女人應該是自信、快樂的，掌控自己能掌控的，放開所有妳個人不能掌控的。只有這樣，女人才能活得幸福又輕鬆。

為什麼女人害怕被疏遠

在婚姻中，雖然女人與男人擔任的角色不同，但是女人應該與男人獨立而又互助的存在著。如果男人是棵樹，女人也不應該做纏繞著樹的藤，而應該是旁邊的另一棵樹，彼此欣賞、共同撐起一片屬於兩人的天地。

剛談戀愛的時候，男人會拼命追求女人，送花給女人，約女人一起看電影，女人慢慢對男人動了心，男人也同樣感應到女人對自己的愛戀，這時候，男人開始忙著賺錢，又重新回歸到打拼的狀態，女人就會覺得男人不像從前那樣對自己好，甚至猜測男人是不是喜歡上別人了。

其實，女人之所以會有這些猜疑，是因爲女人很在乎這個男人，不能接受男人對自己的疏遠。

尤其當新婚的喜悅過後，女人發現男人不像以前那樣下了班早早回家，就算回家了，也不過是吃飯、睡覺、換衣服，很少會抽時間陪女人，即使回到家中，也不過就那麼幾句話，「飯做好了嗎？」「我的衣服放在哪裡？」「我累了，先睡了。」

女人越來越感覺男人把這個家當作旅館，這時候，女人的抱怨與嘮叨就出現了。男人開始厭煩，感覺女人像個怨婦一樣，總是喋喋不休。男人感覺自己朝九晚五的努力工作，為的是什麼，還不是為了這個家，女人怎麼就是不明白呢？

女人的抱怨與絮絮叨叨不過是想引起男人對自己的注意，希望男人能陪陪她，哪怕是兩個人坐在沙發上默不作聲的看電視。女人不想每天面對的是男人的冷漠，女人害怕被男人疏遠。

女人在為這份感情默默付出，男人則像一部賺錢的機器，每月把薪水交到女人的手裡就好。不難看出，男人的權利比女人更大，男人覺得自己更有享受的權利。在女人想要和男人說話或者提問題的時候，男人會突然轉過身去不理女人，或突然大力關門離去，他們認為自己有權力不聽，而且不用為女人的問題操心。他們愛怎麼做就怎麼做，才不管女人怎麼講、怎麼求、怎樣吼、怎麼分析。

女人害怕被男人疏遠，這又能怪得了誰呢？這樣的男人，十個有九個是女人寵的。

女人對男人過分的依賴，又讓男人覺得女人離開了自己就會沒辦法生活；慣壞的男人要等飯菜端上桌才會過去吃飯；慣壞的男人吃完飯就拍拍屁股走人，留下女人在那裡收拾碗盤……男人只是習以爲常，而在婚姻之中最怕的莫過於習以爲常。

當男人習慣了女人對自己的依賴，他們自然會理所當然的我行我素。男人會拉著女人去見自己的朋友，他們覺得有這樣一個千依百順的妻子很有面子，而如果女人想要男人去見自己的朋友，男人一百個不願意，男人會說：「妳們女人聚在一起，我去幹什麼？」

由於女人對男人過分依賴，女人才害怕被男人疏遠，也正是女人對男人的過分依賴，促成了男人對女人的疏遠。女人雖然在婚姻中擔當的是妻子的角色，但是不要忘了，在這個社會上，女人也是身爲一個獨立的個體而存在。女人選擇了男人，是爲了組成一個家庭，使自己的人生變得更完滿，而不是單純爲了男人而存在的。

在婚姻中，女人與男人雖然擔任的角色不同，但是女人應該與男人獨立又互助的存在著，而不是過分的依賴男人。就算男人是一棵樹，女人也不應該做纏繞著樹的藤，而應該是旁邊的另一棵樹，彼此欣賞，共同撐起一片屬於兩人的天地。

金錢對女人的誘惑

女人如何面對現實

女人與金錢，就好像女人與愛情的關係一樣，都是古往今來永恆的話題。這或許不是選擇，而是女人命中注定的關係。

男人說：「女人是物質化的，金錢對女人的誘惑力實在是驚心動魄。」然而，女人卻覺得男人靠不住，男人會遺棄她，唯有錢才是風雨人生中最可依賴的、與自己的生活緊密相連的。於是，女人開始用錢武裝自己，建立自信，給自身留後路。

這是到底是男人的錯，還是女人的錯？上帝也說不清楚。但有一點是肯定的，那就是物質女人自有物質女人的天真和可愛，她們知道自己要什麼，不會朝三暮四。

女人和金錢

金錢可以使女人愉悅，也可以令女人異化，更可以改變女人的原則。所謂物極必反，凡事講求適度，對金錢的態度也是如此。無論怎樣，開開心心的生活才是最重要的。

很多人都覺得談論金錢是一件很俗氣的事情，可是誰都明白，「金錢並非萬能，沒有錢卻是萬萬不能。」

女人對於錢，無外乎三種態度：熱愛、無所謂、憎惡。熱愛金錢的女人是可愛的，至少表露出她們本性的一面。女人拜金，並非是熱愛錢本身，而是喜歡錢所帶來的物質愉悅與歡欣。

女人多數是感性的，一成不變的生活中，倘若沒有五彩繽紛的物質點綴，那生活會是多麼乏味！

上帝賦予了女人美麗的容顏，玲瓏的身材，在短暫的生命裡如果不能充分享受金錢所帶來的物質刺激，要如何體現人生的刻度呢？金錢在女人的面前更是耀眼，那些閒逛在大街上的漂亮小姐，那些出沒在首飾店、服裝店、美容院的富小姐、闊太太們，一個騷首弄姿就可以換來很多的回頭率，在回頭的目光中，男人傾慕，女人羨慕，沒有錢能滿足這樣的虛榮嗎？

有人說女人沒有愛情就會枯萎，可是，沒有金錢的愛情卻猶如曇花一現，終究難逃夭折的厄運。

方芳與沈強是在高中時候開始戀愛的，金童玉女羨煞多少人。考大學時，兩人的志願都一模一樣，結果沈強考上第二志願，方芳則考上第一志願。方芳不顧家人的極力反對，主動放棄了第一志願，與沈強在同一所大學裡繼續做著戀愛夢。可是初戀總是禁不起現實的考驗，最終只能走向分離。

後來，方芳嫁給了一個大她二十多歲的香港富商。很多人都覺得方芳愛慕虛榮，只是一味的追求金錢。

一次同學聚會上，方芳的到來引起眾人的目光，她儼然是一個容光煥發的有錢太太，生活得很優渥。有一個要好的女同學口無遮攔，「我聽說妳嫁給了一個有錢人，還以爲妳會不幸福。」

方芳笑了笑，「不，我很幸福。他能給我買一身的Chanel，每天送我一束紅玫瑰。一般的上班族能做到嗎？我追求浪漫，而浪漫只是愛情的一部分，浪漫還是要靠金錢堆積的，所以我追求金錢，也覺得我是幸福的。」

女人都喜歡浪漫，可是浪漫需要金錢才可以達成，所以說女人追求金錢又有什麼錯呢？唯一要體察的就是女人獲取金錢的方式，無論如何，道德是社會普遍的準繩，逾越道德界限獲得金錢的女人，就令人不敢恭維了。

對金錢持無所謂態度的女人是自信的女人。正所謂「君子愛財，取之有道」，女人也可以做到。

小小就是這樣的女人。她有著一份自己喜歡的工作，每個月的收入，扣除房租、水電費、生活所需，所剩無幾，偶爾會給自己添置一件心儀已久的衣服。她不羨慕有錢人，她認爲金錢不過是一種貨幣形式，有了錢未必就能有這份安逸的快樂。

能夠抵禦金錢誘惑的女人，一定是洞悉了生活本質的女人，她們不以物喜，不以己悲，對身外之物有其客觀的態度，不受物質刺激而改變生活，靜以修身，儉以養廉。

憎惡金錢的女人實在不多，這樣的女性不是普遍的現象，但多多少少受到過金錢的傷害。

白雪有一個很有錢的爸爸，一直過著飯來張口、茶來伸手的日子。父親對白雪也沒有什麼要求，就這麼一個寶貝女兒，但求將來能嫁一個好女婿。

誰會想到命運卻和白雪開了一個玩笑。父親遭綁架，綁匪要脅一千萬來贖人。錢是給了，綁匪也被抓住了，可是一直疼愛白雪的爸爸卻被活活餓死了。

這件事對白雪打擊很大，她認爲如果家裡不是很有錢，絕對不會發生這樣的事情，她痛恨金錢，整天在回憶與痛苦中不能自拔。

這個社會，錢是一種媒介，沒有錢是寸步難行的。女人如果憎惡金錢，勢必和社會脫節，封閉於某一隅，未免可悲、可憐。

金錢可以使女人愉悅，也可以令女人異化，更可以改變女人的原則。所謂物極必反，凡事講求適度，對金錢的態度也是如此。無論怎樣，開開心心生活才是最重要的。

女人對金錢的幻想

女人對於金錢有再多的幻想都是可以理解的，但是當女人對金錢的佔有欲不斷膨脹，別的先不要說，有一點是可以肯定的，那就是，這個女人必定與幸福無緣。即使是擦肩而過，也不過是夢幻一場。

金錢在當今的社會，一直扮演著重要的角色。就像二十世紀九〇年代的一首通俗歌曲《鈔票》裡唱的，「鈔票，有人爲你賣兒賣女，有人爲你笑彎了腰」，一說到錢，很多人把它和幸福聯想起來，片面的認爲有錢就有幸福。

女人又是那麼喜歡幻想，對於金錢自然也會有種種幻想。有了錢，女人可以買很多很多的漂亮衣服；有了錢，女人可以買名貴的化妝品。不是說「巧婦難爲無米之炊」嗎？有了錢，女人可以不再爲一日三餐發愁，更無需自己親自下廚，喜歡吃什麼，打個電話便可以實現。

女人對於金錢有再多的幻想都是可以理解的，但是當女人對金錢的佔有欲不斷膨脹，別的先不要說，有一點是可以肯定的，那就是，這個女人必定與幸福無緣。即使是擦肩而過，也不過是夢幻一場。

王女士曾經有一個很溫暖的家，當時家裡不是很富裕，但是一家人在一起很溫馨，日子過得很幸福。

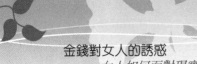

後來，老公從商，幾經沉浮，最終也有所成就。接著買新房子，買新傢俱，買新車子，王女士也就專心做起賢妻良母來。可是讓她意想不到的是，老公在換了一系列家居用品之外，也悄悄地換了夫人，在外面金屋藏嬌了。如果不是在一個偶然的機會撞見了，他會永遠的隱瞞下去。王女士沒有鬧，只是苦口婆心的勸說，但是老公卻振振有詞的說：「我辛辛苦苦的爲家裡賺錢，讓妳們過好日子，我的那點小事，算得了什麼？」

老公給家裡的錢越來越多，但是他的膽子也越來越大，乾脆把小情人帶到家裡。老公的所作所爲讓王女士受到很大的羞辱，於是向老公下了最後通牒，要就回心轉意，要不然就離婚。但是老公怎麼都不離。最後，她實在受不了，義無反顧的離開了那個家。她在一個熱鬧的街道旁開了一家小餐館，雖然累點、忙點，但是她感覺很自在、很開心。

王女士回首往事，感慨的說：「那是一段沒有尊嚴的日子，自己的人格和自尊被老公的金錢買走了，只留下一個空虛的家。即使擁有再多的錢，也沒有幸福的感覺。」

有的女人片面的認爲只要擁有了金錢，便可以抓住幸福的尾巴，把幸福留在身邊。這些女人沒有想過，幸福是抓不住的。

幸福，不是金錢可以代替。認爲有錢就能幸福者，大有人在。然而很多人認爲，事業有成、婚姻美滿、子女孝順，才是幸福，這些雖然離不開金錢，卻不需要很多錢。

李小姐四年前大學畢業後，隻身來到台北闖天下，在這個滿地淘金者的城市裡，她先應徵到一家鞋廠工作，薪資並不高，但是李小姐根本不在乎，她是想學習工廠那套嚴格有效的管理方法，然後再跳槽。

後來，她跳到一家生產家用電器的工廠做一名普通工人，不久，有個機會降臨在她的身上。廣告部有一空缺，老闆將她轉調。好在她是科班出身，在廣告策劃和設計方面有著獨到的思路和方法，令老闆很滿意。幾個廣告策劃下來，愛惜人才的老闆給她更大空間讓她發揮，讓她做了部門的主管，薪資、獎金加紅利。從此，李小姐工作穩定，收入不少，這樣對她來說應該滿足了。但是她想，既然自己可以把廣告工作做得有聲有色，爲什麼還要替別人工作呢？

於是，李小姐和朋友一起開了屬於自己的廣告公司，在共同努力下，公司很快走上正軌。由於她們的創意及內部管理得當，公司的業績蒸蒸日上。

幾年下來，李小姐在事業上大有成就。她說：「我是幸福的，也是有錢的，但是，我的幸福不是因爲有錢，而是在奮鬥的過程中，體驗到成就感。」這是她人生價値的體現，也是對自己的肯定。

女人的幸福不能用物質化和簡單的數字來代替，人們的生活離不開金錢，但它是不能主宰幸福的。

男人、女人對金錢有不同的看法

男人說自己不是爲女人而活，是爲了金錢而活。男人沒有金錢，就無法贏得女人的心。有了金錢的男人，才能贏得美人歸。但是，女人不是因爲金錢而愛男人，而是因爲男人才愛金錢。

金錢眞是好東西，人們對金錢有無限的遐想，有句俗話說：「有錢能使鬼推磨。」足以看出金錢對人們的誘惑有多大。莎士比亞更是這樣詮釋金錢對生活的影響：「金錢可以使人重見光明。」就連諾貝爾文學獎得主、美國著名小說家索爾．貝婁也這樣說：「金錢是唯一的陽光，它照到哪裡，哪裡就會發亮。」

但是，當「人爲財死，鳥爲食亡」的悲劇發生，金錢就是可怕的。

有一對夫妻買一張彩券，中了四百萬。他們非常高興，開始研究如何使用這筆錢。老公說買房子，老婆說買車子，老公說去旅遊，老婆說捐給慈善機構……夫妻越說越覺得兩人的分歧，覺得兩個人越來越陌生，甚至要大打出手，關係也越來越僵。

於是老婆哭了起來，老公趕緊勸說：「唉，沒錢的日子，我們過得不也是挺好的嗎？平白無故多了這麼一大筆錢，竟然搞成這樣。」話一說完，把老婆給嚇醒了。「錢，還是少點的好。」這只能是窮人的自嘲。就算是傻子，都知道錢是好東西。人生在世，金錢就像魔鬼一樣，有著致命的吸引力，尤其對男人更有魔力。

在男人的眼裡，金錢是神秘的，因爲它可以創造出更新的神話。創造金錢，是男人的夢想；擁有金錢，是男人的一生追求。男人也並非那麼嚮往金錢，只是不得已。有個男人這樣說：「我要是沒有錢，會被人看不起；我要是沒有錢，有哪個女人願意跟我過日子。」在男人看來，擁有了金錢，男人才擁有自尊，擁有陽剛之氣，這樣，男人才感覺自己是眞正的男人。更有人認爲，男人對待金錢就像性欲一樣，可以隨意揮霍。

女人的全部是男人，而男人的全部是金錢。男人可以沒有女人，卻萬萬不能沒有金錢。女人如果沒有男人，還可以艱難向前，慢慢尋找在不遠處等待自己的男人。而男人沒有金錢，就如同失去了一切，會黯然失色，毫無鬥志，成了失去靈魂的一副皮囊。

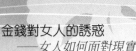

在男人的眼裡，金錢比權力還要高貴。有了金錢，就可以擁有權力、支配權力。權力是建立在金錢基礎上的，沒有金錢的權力是短暫的、虛設的、無能的。擁有金錢，權力才是恆久的、眞實的、有能力的。所以，很多有權勢的人，都在想盡辦法掠取金錢。金錢=權力=女人。無論先有錢還是先有權，都可以互等。這兩個都有了，那女人還會遠嗎？

有位作家叫郁達夫，卻是這樣對待金錢的。郁達夫拿到錢之後，把錢放在腳底，也就是鞋裡，每當要用錢的時候，便從腳下摸出一張來，很多人看見都感覺不解。他便笑著說：「我沒錢的時候，它曾經壓迫過我，現在，我有錢了，我要壓迫它。」這不免有些阿Q色彩，在現在這個充斥著金錢誘惑的年代裡，像郁達夫這樣的男人少之又少，就算眞的有這樣的男人出現在生活中，人們會覺得他不是恐龍就是弱智。

金錢對人的影響很大，不論是男人還是女人。沒有了錢，人的生活就失去光彩，眞的驗證了那句話，「金錢是唯一的陽光，它照到哪裡，哪裡就會發亮。」人們都在爲錢而奔波，沒有金錢是萬萬不能的，有了金錢，生活才會有顏色。

男人說自己不是爲女人而活，是爲了金錢而活。男人沒有金錢，就無法贏得女人的心。有了金錢的男人，才能贏得美人歸。但是，女人不是因爲金錢而愛男人，而是因爲男人才愛金錢。

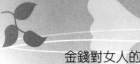

金錢給女人帶來的不幸

佛說：「有得必有失，有失必有得。」多少女人對金錢過分奢求，爲自己種下了苦澀的後半生。

沒錢的人，每天作夢都會夢見自己變成百萬富翁，夢醒之後，不免自嘲，說自己眞是想錢想瘋了。沒錢的日子不好過，有錢的日子也未必快樂。「窮人有窮人的苦悶，富人有富人的煩惱」，這句話說得一點都沒錯。金錢可以給人帶來喜悅，可以使人擺脫貧困，可是有了錢，才發現未必活得逍遙又自在。

劉鴻與丈夫剛剛結婚的時候，什麼都沒有，但是他們並不覺得有多苦，兩人每天都努力工作，收入要繳房租，要孝敬父母，還要留一部分存起來，這樣一來，也就所剩無幾了。兩人只是買最便宜的菜，配著饅頭，但是丈夫對劉鴻呵護備至。那時候的快樂是那麼的簡單，不管多辛苦，都覺得很幸福。

現在，劉鴻與丈夫開了一家小公司，生活變好了，比起從前不知道富裕了多少倍。

可是，幸福的感覺卻怎麼也找不到了。丈夫總是不知足，成天悶悶不樂，有時候還會亂發脾氣。劉鴻眞的不明白，這究竟是怎麼一回事。很多人都像他們一樣，爲了過好日子，不惜一切代價去努力爭取。而劉鴻與丈夫什麼都有了，卻整天吵架，相互攻擊對方。

財富增加的同時，他們也迷失了生活的方向，劉鴻時常想起清貧時候的簡單與幸福，雖然辛苦，但是她與丈夫卻是快樂的，同心協力，相互支持。

劉鴻是一個從無到有的女人，可是擁有了金錢，金錢給她帶來了不幸，原來對自己疼愛有加的丈夫不見了。如果讓女人在金錢與愛自己的男人之間選擇的話，絕大部分女人都會毫不猶豫的選擇愛自己的男人。她們覺得錢不過是身外之物，使用的時候才會發揮作用，不用的時候還不是跟廢紙一樣。

只有少部分的女人會選擇金錢，她們覺得有一個愛自己的男人又有什麼用呢？沒日沒夜的辛苦工作，所得的收入僅能維持基本的生活所需，如果有錢就不同了，可以盡情享受。眞的是這樣嗎？

慧心有著迷人的容顏與身段，有一棟屬於她的豪華別墅。當時，男人把這一切都給慧心的時候，慧心是滿心喜悅的，這不正是她期待已久的生活嗎？

然而「天下沒有白吃的午餐」，慧心自然而然的成了男人的地下情人。男人有自己的家室，慧心對此並不在意，安逸而滿足的過著奢華的生活。男人每個月會來小住幾天，對慧心也是出手大方，總會問她錢夠不夠用。男人給的錢，慧心根本就用不完。

男人常對慧心說：「我給不了妳承諾，也給不了妳名分。」但慧心根本就不在乎什麼承諾與名分，有了又如何？這個男人的妻子有，但他還不是在外面金屋藏嬌？慧心滿意足的過著衣食無虞的日子，曾一度迷失在這紙醉金迷的繁花似錦之中。

可是好景不常，男人的妻子知道之後，和男人又哭又鬧，男人一生氣就飛到慧心這裡來，慧心笑男人的妻子傻，有什麼好鬧的，有錢的日子好好享受就是了。但是，慧心萬萬沒想到，男人的妻子居然找上門來。妻子面對這個分享自己男人的女人，苦口婆心的勸說：「妳還年輕，有這麼漂亮的容貌，還擔心找不到一個好男人嗎？」

慧心明白女人想要勸自己退出，她哪裡肯啊？慧心平靜地說：「我從來就沒想過要和妳爭這個男人，我也從來沒跟他要過名分。妳也別想讓我放手，我喜歡這樣的生活，這是我從前沒有過的，也是我所嚮往的。」

慧心沒有料到，男人的妻子把一瓶硫酸向她潑過來，還叫囂著：「妳這個不知廉恥的妖精，妳不過是比我年輕些，比我漂亮些，我要讓妳變成一個醜八怪。」慧心只感覺皮膚疼痛難忍，便暈了過去。

等到慧心再次醒過來的時候，男人坐在床邊，神情沮喪。從男人的口中，慧心得知男人的妻子因故意傷人罪被判入獄，而慧心也失去了她引以爲傲的容顏。

在這場悲劇裡，金錢給慧心與男人的妻子都帶來了很大的不幸。男人對慧心說：「妳的臉可以透過整容手術來恢復。」但此時的慧心卻心如止水，對男人的妻子沒有恨，對自己失去的美麗容顏也不覺得可惜，她告訴男人說：「不用了，這是我應得的下場，你有時間多去看看你的妻子吧！」

相信慧心說的是眞心話，她是一個女人，自然明白女人的心。可是，她爲此所付出的代價是不是太大了呢？佛說：「有得必有失，有失必有得。」多少女人對金錢過分奢求，爲自己種下了苦澀的後半生。

為什麼金錢不能讓女人徹底滿足

「一隻手抓住男人的錢，另一隻手抓住男人的心」，這話似乎說得很經典。可是這世間又有幾個女人能做到呢？

上帝要女人在愛情與金錢之間選擇一樣，女人毫不猶豫地選擇了愛情，上帝笑，「沒有金錢的愛情，妳活不活得了？」女人猶豫了片刻，最後選擇了金錢，上帝又笑了，「沒有愛情的生活，妳還活什麼！」

有個女人很有錢，喜歡逛街和睡覺，女人覺得睡覺的時候可以什麼都不想，寂寞與煩惱統統拋到九霄雲外。睜開眼睛的時候，女人會被孤獨再次打擾，於是，女人喜歡逛街，逛街的時候眼前充斥一件件華麗的衣服，可以什麼都不想。女人逛街的時候只管刷卡，然後興高采烈地回家。

可是回到家之後，女人又再一次陷入了孤獨與寂寞當中，看著衣櫃裡一件比一件漂亮的衣服，女人卻很少穿它們，只會看著看著流下淚來。

爲什麼金錢不能讓女人感到滿足呢？女人在看著這些衣服的時候，會聯想到有那麼一天，自己穿上華麗的衣服，站在自己心愛男人面前的情景，那種怦然心動的感覺讓女人不禁淚濕衣襟。女人是寂寞的，因爲她沒有遇到眞命天子。

很多人都說女人是物質取勝，女人卻不以爲然，心想，這些人不過是羡慕我有很多很多的錢，說白了還不是嫉妒，只有女人自己知道心裡的那份痛。

女人的閨中好友安娜要出嫁了，當女人得知這個消息的時候，非常震驚。安娜一直以來深深愛著一個男人，那個男人沒有什麼錢，她還是不顧一切和男人住在一起，爲男人洗衣、做飯。那時候，女人曾見過安娜一次，女人看到安娜的纖纖玉指被洗衣粉摧殘得破了皮，臉上卻滿是幸福的表情。

女人還在爲安娜不值，安娜卻笑著說：「有一個愛自己的男人，我願意爲他做這些繁瑣的家務事。」女人明白了，能遇到一個愛自己的人不是一件容易的事情，女人留下了對安娜的祝福。

女人從回憶中回到了現實，這次安娜要嫁的並不是那個男人。這又是怎麼一回事呢？是什麼原因讓安娜放棄了自己苦苦追求的幸福？

安娜在電話裡說，明天有時間想見女人。

次日，女人欣然前往，安娜約女人在一家咖啡廳裡見面。女人到的時候，安娜已經在喝咖啡了。

女人看到的安娜是安詳的，不等女人發問，安娜便把答案說了出來。

原來，在安娜一心想要努力工作改善自己與男人生活的時候，男人卻向安娜提出分手，理由很簡單，公司總經理的女兒喜歡上了男人，男人明白，如果能娶到總經理的女兒，自己可以少奮鬥十年。最後男人還口口聲聲的說，他是愛安娜的，可是這又如何呢？

安娜說明這一切的時候，表現得十分平靜，安娜現在要嫁的男人有很多很多的錢，安娜對女人說：「我不像妳有本事能賺到錢，我的心累了。」女人在這時候想起了一句話，「沒有很多很多的愛，就要有很多很多的錢。」女人能夠理解安娜，畢竟生活是很現實的。

女人理所當然地去參加了安娜的婚禮，身穿白色婚紗的安娜是那麼的美麗，可是，這一身奢華的婚紗，仍然掩藏不住安娜身心的疲憊。

安娜結婚之後，做了全職太太，洗衣、做飯的事情自然用不著她操心，有傭人來做。安娜有很多時間，經常約女人一起逛街、喝下午茶。

有一次，女人小小翼翼地問安娜，「妳幸福嗎？」

安娜笑了，「這也是我經常想的問題，我現在有很多很多的錢，又有一個愛我的丈夫，我想我是幸福的。」女人還是察覺到安娜眉宇間的一絲憂愁，安娜說的只是一個愛自己的丈夫，但是，安娜並不愛他。女人想，這也是安娜生活並不快樂的原因，有很多很多的錢，但她還是不知足，因爲她沒有愛。

女人想到了一句話，「一隻手抓住男人的錢，另一隻手抓住男人的心」，似乎說得很經典。可是，這世間又有幾個女人能做到呢？

如何架起與女人溝通的橋樑

解開兩性之間的誤會

瞭解必須建立在溝通的基礎上。因此，要瞭解一個女人，就應該在自己與她之間架起一座溝通的橋樑。

正所謂「知己知彼，百戰不殆」，當男人與女人之間出現狀況時，男人切忌怨天尤人，更不要恨女人的無情。男人應該學會換位思考，「知己」的同時，盡量去瞭解「彼」——女人的感受。而要做到這一點，最好的辦法就是溝通。

溝通不僅能使男人瞭解女人的真正期盼和需要，而且會讓男人發現，很多時候，需要改變的恰恰是男人自己。

男人應該瞭解女人哪些事

男人只有透過與女人溝通，才能瞭解女人的需要，也就知道該做些什麼令女人開心了。

許多男人想盡辦法博得女人的歡心，但是他們常常因方法不對而事與願違。他們覺得很疑惑，不知該如何做才對。其實，回答這個問題並不難。

瞭解女人也就是瞭解她們想要的，女人想要的和男人想要的幾乎差不多，比如成功、權力、地位、金錢、愛情、婚姻、孩子、幸福、滿足等等。

而女人最想從男人身上得到的是眞愛，女人需要男人對她的眞情實愛。很多男人認爲買貴重禮物送給女人會博得女人的青睞，但結果並非如此。許多女人面對珍貴禮品時，態度十分矜持。雖然剛開始的時候女人會有一點驚喜，但她會認爲男人是想用金錢收買她的愛。女人眞正想要的，是男人將她當作一個心愛的人來對待。一些實用的禮物才能給女人帶來眞心愉快。一些實實在在的東西或者行動，才能讓女人感到幸福。

有一對夫妻十分的恩愛，很多人去問秘訣，丈夫故弄玄虛的說：「我在幫我老婆選禮物的時候，不是買貴的，而是買對的。」他們不解地問：「什麼才是對的呢？」丈夫笑著說：「買衣服時，不要買自己認爲好看的、貴的，而要買老婆喜歡的，穿在老婆身上合適的。這樣既表明自己對老婆的體貼，又可以表現出對老婆的讚美。」其實，只要男人認眞對待自己的老婆，就可以讓老婆開心。男人也不是需要花錢才能夠達到目的，注意一下生活中的瑣事，比如，幫老婆做做家事，看見老婆開心也跟著笑一笑，都可以達到讓老婆開心的目的。

女人最喜歡聽到男人誇她「漂亮」，女人比男人更愛漂亮，這是衆所周知的事實。許多結婚生子後的女人，常常一邊拿著自己當年的結婚照端詳，一邊在鏡子裡反覆看自己的臉，忍不住傷心。結婚照片上的她身材苗條、花容月貌，而現在，她的身材已經變形，臉色暗黃！

女人會利用美麗的容顏來向世界展示她的魅力。所以，即使是那些頗具姿色的女人，每當發現自己的身材漸漸走樣，額頭上不知不覺地出現幾道皺紋，都會心急如焚。這時，男人應當經常稱讚自己所鍾愛的女人，說她漂亮，並且要稱讚得很具體。

不要籠統地說「妳長得很漂亮」，而是要具體地告訴她「我很喜歡妳這種韻味」，「妳穿這種樣式的衣服非常得體」，「妳穿這條裙子很適合妳」等等。這種含義明確的讚美，會讓女人感受到男人是眞正在關注她。

有些女人喜歡問她們的男人，「你覺得我胖嗎？」或「我是不是變老了？」對這種問題，男人千萬別如實回答。男人這時應當給她鼓勵，消除女人的疑慮。這樣，女人就會對自己充滿信心，更樂意打扮自己，使自己重新煥發青春活力。

很多人說，男人不僅要有愛情、金錢，還要有事業。言外之意似乎在說女人對事業無所謂。其實，就像事業能給男人帶來身分和地位一樣，這些也是女人夢寐以求的。

有位在機關工作的科長，精通生意經，便辭職從商。他僅僅用了三年的時間，便小有所成。他的妻子是位小學教師，工作非常辛苦，於是他勸妻子辭掉工作，在家裡做全職太太算了。但是妻子堅決不同意，兩人因此常產生不愉快。

後來，妻子的努力有了成果，因傑出的教學成績，被評爲優秀教師。當妻子滿臉笑容的站在領獎臺上，向臺下鼓掌的人群致意時，丈夫才恍然大悟。他發現自己太不了解妻子！妻子雖然是女人，但她也跟自己一樣，想要有自己的工作和事業。從此以後，他經常和妻子討論工作，並盡力爲她解決工作中的困難。他們的心靈有了溝通，關係也得到了改善，生活過得十分美滿。

愛嘮叨是女人的特長之一。許多男人不理解，爲什麼女人總是說個不停？其實答案很明顯，她們把說話當作感情交流的方式，女人想要男人陪她說說話。她們不像男人們那樣，說話是爲了發現問題、辨別正誤、尋找解決問題的途徑。

日常生活中經常發生這樣的事情：女人說話時，男人不時打斷，擾亂女人的思路，使她改變自己說話的方向。其實男人的這種做法是不明智的，因爲他破壞了女人想透過說話來溝通感情的願望，導致女人心理上的不滿足。

有位工程師深知上述道理，平日不上班的時候，一定抽時間在家與妻子聊天，妻子感到無比的高興。

有一段時間，妻子每晚要去四十公里外的一所學校補習功課，雖然可以在學校過夜，但妻子每晚都會趕回家，進門之後就將當天上課的點滴講給丈夫聽。當工程師的丈夫雖然對妻子學的東西並不感興趣，卻仍然聽得「興趣盎然」。上了兩個多月的課，妻子絲毫沒有疲倦的感覺。

夫妻雙方除了可以談論孩子、工作之外，還可以經常談談自己的感受。透過這樣的交談，才能從對方身上發現新的東西，促使雙方重新感受當年初次相遇時的新鮮感。

在現實生活中，一見鍾情者幾乎都是男人。男人一旦被女人的美貌所吸引，就會立即產生抑制不住的熱情。女人和男人不同，她首先考慮的是男人的素質。即使有時候情感被男人挑逗起來，女人仍會在內心深處問自己：「這個男人值得我依靠嗎？」可見，女人尋找的是她人生道路上的伴侶。

所以，男人要眞正瞭解女人，才能明白女人的需要，也就知道該做些什麼令女人開心了。

男人為何誤解女人

男人總是以男人的想法去想像女人，女人總是以女人的想法去揣度男人，而當命運將這兩種性格炯異的人放在一起，他們之間很難不發生誤解和摩擦。

在電影《傾聽女人心》，梅爾．吉伯遜飾演的男主角在被電擊醒來後，突然發現自己能聽到周圍所有女人的內心對話。於是，頃刻間，女人在他面前完全現形，再也無法掩飾自己的眞實想法。同時他也發現，原來，女人並非男人世界裡想像的那麼膚淺。

不過電影終究是電影，在現實生活中，男人總是以男人的想法去想像女人，女人總是以女人的想法去揣度男人，而當命運將這兩種性格炯然各異的人放在一起，他們之間很難不發生誤解和摩擦。男人就開始羡慕電影中男主角的經歷，可是現實生活中，男人註定無法擁有這樣的神奇功能。

任強和女朋友肖紅逛街逛累了，雖然一件衣服都沒買，但兩人的心情倒是不錯。肖紅提議去菜市場，買菜回家自己做。任強覺得太麻煩，現在都中午了，買完菜再趕回家，早餓暈了。

任強說：「今天我們就奢侈一下，去外面餐廳吃。」他帶著肖紅走進一家韓國餐館。剛坐定，身著韓國傳統服飾的服務生微笑等著點菜。任強說：「女士優先，妳先點吧！」

肖紅看著菜單心裡喊著，「我的天，怎麼這麼貴啊？一盤魚就要兩三百塊，夠我和任強用一天。」從頭到尾看了一遍之後，肖紅一臉不悅，把菜單遞給任強說：「我隨便，你自己點吧！」

任強看出了肖紅的不高興，可是服務生站在旁邊，他又得維護大男人的面子，胡亂點了兩個菜，要了兩碗白飯。服務生是走了，來吃飯的兩個人卻都不說話了。任強在心裡猜想，肖紅是對這家餐館不滿意，還是吃什麼都無所謂？平時吃東西，她也挺講究的，去超市買東西總要仔細看看生產日期和保存期限，今天是怎麼了？任強看了看這家餐館，環境還可以，唉，搞不清楚怎麼忽然「晴轉多雲」？

飯菜上來了，任強還想逗肖紅說說話，一會兒說這魚做得好，一會兒又說白飯也挺香的，但肖紅一句話都沒說。任強看著肖紅也吃得差不多了，走到櫃檯結帳去。和肖紅一起走出來的時候，任強發現肖紅把沒吃完的菜打包拎著。任強勉強笑了笑說：「我還以爲妳不喜歡吃呢！」

肖紅還是一臉的不悅，「我知道你對我好，可是這裡的東西實在太貴了，我們以後在家吃，好不好？」

任強終於明白了，原來肖紅是在心疼自己的荷包！這樣的女人讓男人不想心疼都不行，如果一個女人開始心疼男人的荷包，就只能說明一個事實——女人愛上了男人。女人寧願自己辛苦一點動手做，也不願意讓男人把錢交給餐館。

有的男人會沒完沒了地糾纏女人的過去，而女人對於過往通常是不願提及的，實在被男人追問到不得已，女人會生氣的問男人，「你愛的是現在的我，還是過去的我？」

男人就會誤解女人是因爲珍惜曾有過的戀情，才避而不答。其實，女人並非在意過去，她們只是覺得過去的事情就讓它過去吧！說出來可能會對彼此的感情造成傷害，這是女人不想看到的。聰明的男人就不會這樣自尋煩惱，他們知道不必爲曾經有過的過分焦慮。

比起男人，女人是安於現狀的，而她的任性表現在她對男人情意綿綿的愛戀。女人只有在愛一個男人的時候才會表現出她的任性，因爲她知道，那些天生沒有抵禦誘惑能力的男人，會在她任性的「霸道」裡束手就擒。

只要女人覺得男人對她很好，或者至少她沒有感覺到什麼不好，她通常關心的只有現在，很少再回到遙遠的過去。有句話說得好，「對於男人，總是下一個女人最好；對於女人，總是最後一個男人最好。」這恰好反映了男女對待「現在」和「過去」的差異。比起現實主義的女人，男人似乎更念舊。一個男人縱使再成功，也不會忘記他的過去，更不會忘記過去生活中的女人，只要這個女人和他有過某種關係，或給他留下過深刻的印象。

怎樣讓女人開口

有時候，女人的矜持是給男人的一種暗號，女人用這種暗號向男人說明自己的心意，只要有心的男人，便可以輕鬆破解它。

很多人都覺得女人絮絮叨叨，有很多很多話要說，其實並非每個女人都如此，有的女人也只在心情好的時候才會這樣。女人也有不想說話的時候，這時，男人就會覺得彆扭、不習慣，以前在自己面前那個嘻嘻哈哈、嘴巴說個不停的女人到哪裡去了。

劉偉一直都很喜歡身邊的一個女孩，每天看到她如陽光般燦爛的笑容，劉偉會覺得工作都變得不那麼乏味了。

女孩子名叫白玲，劉偉還取笑過她，和百靈鳥一樣，嘰嘰喳喳的。白玲很活潑，和辦公室裡的同事都處得很好，劉偉偷偷喜歡著她，又怕說破之後連朋友都沒得做。

可是最近這幾天，白玲不怎麼和劉偉說話，似乎在故意避開他，這讓劉偉感到很不舒服。劉偉覺得自己並沒有得罪她，怎麼會這樣呢？

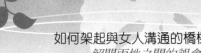

劉偉和朋友說起了這件事情，朋友說：「你可是走桃花運了！」劉偉不解的看著朋友，「你說什麼？她連話都不跟我說，還桃花運呢？」

朋友笑著說：「女人如果突然不和一個男人說話了，只有兩種可能。」說到這裡，朋友只顧著喝酒，不說了。

劉偉央求道：「快說，別賣關子了。」朋友笑了：「一種可能就是討厭你，不願意理你，而另一種嘛，就是她喜歡你，可是不知道怎麼說。我想你還不至於讓人討厭吧！」

一語驚醒夢中人，這難道不是劉偉期待的嗎？在朋友的出謀劃策之下，劉偉鼓起勇氣，決定約白玲一起看場電影。

過幾天，劉偉趁大家休息的時候，把電影票給了白玲，當時，白玲有些意外，臉都紅了，這也證實了劉偉的判斷，可是怎麼才能讓白玲開口呢？

看電影的時候，兩個人都沒說什麼話，聚精會神地看著電影，走出來的時候已經很晚了，起了風，白玲有些瑟瑟發抖，劉偉把自己的外套脫下來，披在白玲身上。白玲急著說：「這樣你會著涼的！」

劉偉一下子笑了，白玲生氣地說：「你這個人怎麼這樣，人家怕你著涼，你還笑呢！」

白玲剛要把劉偉的衣服從身上拿下來，被劉偉阻止了，他說：「妳別誤會，我笑是因爲妳終於和我說話了，沒有別的意思。妳好幾天都故意躲著我，我還以爲妳不會再和我說話了呢！」

白玲的臉又紅了起來，可還是什麼都沒有說。

劉偉用暖暖的眼神看著白玲說：「做我女朋友，好不好？」

白玲笑而不答，卻使勁地點了點頭。

後來，劉偉問過白玲，爲什麼突然不和他說話了。白玲笑著說：「人家想矜持一點，怕你不喜歡我，也不知道怎麼說才好。」劉偉連忙說：「現在知道了，以後可別對我太矜持了，我還挺不習慣的。」

有些女人遇到自己喜歡的男人，突然不和男人說話，如果這時候，男人搞不清楚狀況，就會和這段姻緣擦肩而過。這時候，男人應該拿出男人的勇氣，約女人一起看場電影，或者一起喝杯咖啡，增加彼此的交往機會，如果女人喜歡這個男人，自然會欣然前往。男人也可以找機會向女人表白自己的心意。

女人有些時候是矜持的，特別是面對性的時候。有些女人即使是結婚好幾年，也不會主動向男人索要性愛。其實，對性愛的需求是每個正常人都有的，這是很正常的反應，女人一點也不用礙於自己是女人而難以啓齒。

如果女人想要，何不大方地讓男人知道，有時候女人的主動反而能讓男人更加興致勃勃，表現得更加勇猛。

女人想要性愛的時候，通常會有所表示，擺燭光晚餐，準備豐盛菜肴和紅酒，或在房間裡佈置香薰之類的氛圍，這些都是女人的暗示。

有時候，女人的矜持是給男人的一種暗號，女人在用這種暗號向男人說明自己的心意，只要有心的男人，便可以輕鬆破解它。

當女人沉默時

當女人沉默的時候，她們不介意被打擾，但是，女人需要的只是聆聽。這時候，男人應該做一個用心的聆聽者，讓女人把自己的苦水全都倒出來。男人能藉此瞭解到更多生活之外的女人，也更有益於兩性之間的理解。

兩個男人坐在酒吧裡一邊喝酒，一邊閒聊，說來說去還是說到女人這個話題上。其中一個偏胖的萬分感歎地說：「唉，我老婆總是吵個不停，我覺得很奇怪，她哪來這麼多的話。」

另一個大鬍子男人感同身受的說：「你沒聽說過，一個女人是五百隻鴨子嗎？」偏胖的男人聽到這句話，把已經喝到嘴裡的啤酒噴了出來，乾咳了兩聲，忍不住爆笑起來。大鬍子男人接著說：「你見過女人沉默的時候嗎？」

偏胖的男人好不容易停下來不笑，聽到大鬍子的話，臉又變得嚴肅起來，「見過，怎麼會沒見過。說眞的，我老婆沉默的時候，還眞叫我有些害怕。」

大鬍子男人很吃力的說：「我就是因爲我老婆沉默無語，弄得我不知所措，才出來喝酒的。」

偏胖的男人似乎想給點建議，可是想起自己遇到這種情況的時候，也不知道怎麼辦才好，欲言又止，只能悶聲喝酒。

女人沉默的時候，眞的有這麼恐怖嗎？

有句話說得好，「男人沉默的時候，不喜歡被打擾；女人沉默的時候，不介意被打擾。」大多數男人習慣了女人的絮絮叨叨，若遇到女人沉默，一時之間無計可施，又想到自己沉默的時候，最不喜歡被人打擾，於是便對女人不聞不問，男人是想把足夠的空間留給女人，他們認爲，女人喜歡這樣。

其實，女人的想法恰恰和男人背道而馳。當女人沉默的時候，如果不是男人惹女人生氣的話，那麼，就是女人遇到了很大的難題。這時候，女人的沉默並非像男人想像的那樣不願被人打擾，她們更希望男人能夠關切的問一聲，「妳怎麼了？」當女人感受到男人對自己的關心與擔憂，自然會把鬱積在心頭的煩惱說給男人聽。

傑克有一位美麗的妻子露絲，平時夫妻二人無話不談。傑克今天回到家就感覺到一絲不對勁，可是又說不出來哪裡不對。透過傑克的觀察，露絲雖然像往常一樣忙著洗菜、做飯，可是臉上卻悶悶不樂。

露絲平常不是這樣的，總會雀躍的跑過來迎接傑克，一邊做飯一邊跟傑克聊著辦公室發生的事。傑克感覺到露絲的突然沉默有些不尋常，這時候，露絲招呼傑克吃飯。

傑克還發現，露絲吃得不多，還若有所思的樣子。

飯後，傑克想和露絲談一談，又不知道怎麼開口才好。看到露絲沉默的樣子，傑克很心疼。他走到露絲身邊，慢慢坐下來，「妳是不是遇到什麼事情了？能和我說說嗎？妳這樣子我很擔心，妳知道嗎？」

露絲看傑克的眼神裡有淚光在閃動，漸漸的，她打開了自己封閉的話匣子。在露絲說話的過程中，傑克並沒有打斷她，只是很用心的聆聽，讓自己身臨其境，感受著露絲的苦悶。

當露絲說完的時候，才發現不知道什麼時候，自己的手被傑克緊緊地握在手心裡，「傑克，眞的很感謝你，我原本以爲這些工作中的瑣事，你們男人是不願意聽的。可是你這麼用心的聽我說話，我的心情也好了很多。」

傑克苦笑了一下，「有些男人是不喜歡聽，可是並不包括我。妳是我的妻子，我應該爲妳排憂解惑的，妳說對嗎？」

露絲很感動，投進了傑克的懷抱裡。

在男人之中，像傑克這樣的男人眞的很少見。很多男人即使能讓女人在沉默的時候開口，也達不到這樣的效果。他們會在女人說話的過程中，打斷女人的話，並發表自己對事情的看法，女人會覺得跟男人說了也沒用，還不如不說的好。

這時候，男人就更感覺莫名其妙了，自己是在幫助女人分析問題，並找到解決的辦法，難道有什麼不對的嗎？

不對倒是沒有，只是如果這樣的話，女人會感覺男人是在變相的怪自己做不好，既然男人體會不了自己的心情，也就沒有再說下去的必要了。

當女人沉默的時候，她們不介意被打擾，但是，女人需要的只是聆聽。這時候，男人應該做一個用心的聆聽者，讓女人把自己的苦水全都倒出來。男人能藉此瞭解到更多生活之外的女人，也更有益於兩性之間的理解。

明智的女人與機靈的女人

機靈的女人，會審時度勢，不會做吃力不討好的事情；而明智的女人則是知人而自知，凡事進退有度，她能夠站在男人的角度設身處地的爲他人想，做到能進則進，應該放手的時候就放手。

老子《道德經》說：「知人者智，自知者明。」能夠對他人有所瞭解的人，稱得上是明智的人。很多人做不了明智的人，尤其女人不能明智，男人就苦不堪言。

女人和男人結婚已經五年，在這不算長也不算短的時間裡，女人感覺自己已經和男人走到了盡頭。有一天，女人向男人提出離婚，而男人只說了句，「我不想和妳離婚。」就開始了令女人忍無可忍的沉默。

女人一直以來最無法忍受的就是男人的這種沉默。在婚後的日子裡，女人有時候想和男人說說心裡話，男人總是表現得很不耐煩，甚至掉頭走開。而這種情況，在這五年裡不斷的發生，女人努力過，試圖讓男人開口說話，可是費盡九牛二虎之力，卻還是不能打開男人的尊口。

今天再次出現這種情況，女人氣急敗壞的說：「你口口聲聲說要一輩子和我在一起，可是我根本就感覺不到你對我的愛。我渴望溝通的時候，你總是讓我吃閉門羹，不管我怎麼努力都是白費力氣，就好像我一直在敲一扇門，我不停地用力敲，希望裡面的人能和我說說話，可是，不管我多麼用力，那扇門後面的人就是不肯出來。你眞的太冷酷了！我不想再承受，我何必活得這麼辛苦，這麼疲憊呢？」

在女人說這些的時候，男人一聲不吭地抽煙，女人更加堅定了自己的想法，除了離婚，無路可走。這五年來，男人一直隱藏著他的眞實感受，一貫諱莫如深。女人就是不能忍受男人的這種沉默，在女人看來，夫妻應該像親密的朋友，無話不說才對。

女人並不知道男人爲何沉默，爲何疏遠女人。女人不能接受男人的這種疏遠，女人會說：「我們談一談好嗎？你好像有點不對勁？」可是，女人哪裡知道正是這種語氣和姿態，讓男人益發誠惶誠恐，對女人更加疏遠。女人更不明白了：「爲什麼我越是渴望親近，敞開心靈，他就越是想溜走呢？」更有人會覺得，男人的一再迴避，只能說明他根本就沒把女人放在心上。

女人有這麼多時間來猜疑男人的沉默與疏遠是何用意，還不如把這些時間拿來想一下，究竟是什麼讓男人沉默與疏遠女人的。

男人天生是「思考型」動物，他不時地需要自我反省。男人的暫時逃避無非是在告訴女人，不想和女人溝通或者親近，而是渴望安靜的獨處。一旦產生了這種願望，在或長或短的時間內，他不會想到爲任何人的感受負責。在這期間，他絕對能照顧好自己，對他人的依賴性降到最低。等他回到女人身邊時，他便會樂於談話，他的愛、他的激情甚至升至頂峰。

機靈的女人看到男人沉默，她會把足夠的空間留給男人，明知道男人希望獨處，又何必自討沒趣呢？

男人在某種程度上害怕和女人太過親近而失去自我。與女人朝夕相伴、卿卿我我，在體驗到歡樂與幸福的同時，男人也會驚慌地意識到他部分的「自我」，也在慢慢的消減。

男人的這種階段性逃避，有助於他重新找回自己。機靈的女人正好滿足男人渴望自由和獨處的心願。

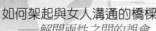

而明智的女人爲了和男人溝通，她不會發號施令，強迫男人開口。她會以動制靜，只要求男人豎起耳朵，傾聽她的肺腑之言。男人會發現女人關注的焦點發生了變化，這讓男人如釋重負，男人會卸下思想的包袱，洗耳恭聽。女人無保留地直抒胸臆，而男人扮演的角色，只是耐心而認眞的聽衆——男女之間水乳交融，相得益彰！

對於不時想獨處的男人，機靈的女人不會惱羞成怒，更不會放棄愛情；而明智的女人卻能找到打開男人心靈的鑰匙，是能幫男人排憂解惑的女人。

機靈的女人是可愛的，她會審時度勢，絕不會在不該說話的時候惹男人厭煩，做吃力不討好的事情；而明智的女人則是惹男人疼，她識大體、顧大局，知人而自知，凡事進退有度，她能夠站在男人的角度設身處地的爲他人想，做到能進則進，應該放手的時候就放手。

表達方式比表達內容更重要

同樣的內容，用不同的話說出來，意思就會不一樣。這就是表達內容與表達方式的問題了。換句話說，表達方式是一種說話的技巧，遠比說話的內容更爲重要。

男人工作了一天回到家裡，坐在沙發上看著電視，想起白天被上司訓斥，心裡開始不舒服了。廚房裡，女人正忙得不亦樂乎，男人最喜歡吃紅燒鯉魚，女人從下了班就直奔菜市場，挑了一條活蹦亂跳的鯉魚，現在這條魚正在鍋裡燉著呢！男人有些餓了，對著廚房喊了一聲，「晚飯怎麼還沒好啊！」

女人原本的好心情被男人這句話活生生搞砸了，女人想著，我從下了班就一刻也沒閒著，忙了半天，你居然這種態度！女人把做飯的速度放慢了很多，她就是想讓男人乾著急。

又過了一會兒，男人不耐煩了，朝廚房喊：「好了沒有啊？今天怎麼這麼慢啊？」

女人忍不住了，沒好氣地頂了男人一句，「你這是什麼態度啊？我忙了半天，沒功勞也有苦勞吧！」這時候，男人才意識到自己把白天挨訓的氣都轉移到女人身上了，可是又拉不下臉來跟女人賠不是，只好從沙發上站起來，來到廚房，說話的時候，還故意裝出一副求饒的模樣來道歉。

男人總是把老婆當作自己人看待，不經意間就會把白天的壞心情帶回家，說話的時候，男人不覺得怎樣，可是女人卻不愛聽。故事中的男人就是這樣，說話的時候沒想過採用什麼樣的表達方式女人會愛聽，不會惹女人生氣。幸好他是一個懂得逗女人開心的男人，否則這頓飯男人是別想清閒的吃了。

男人其實就是想告訴女人，自己有點餓，想吃晚飯了，可是同樣的一個意思，前後兩次的表達方式卻是天壤之別。「晚飯怎麼還沒好啊！」這句話讓哪個女人聽了不生氣？而後來的那句，「老婆，我餓了，都快餓暈了。」如果第一次就這樣表達，相信女人一定巴不得自己能有三頭六臂，加快做飯的速度。

同樣的內容，用不同的話說出來，意思就不一樣。表達方式是一種說話的技巧，遠比說話的內容更爲重要。很多男人在職場上很會說話，用簡練的語言，在最短的時間裡，讓別人明白你想要表達的意思。而當男人回到家，他們會把自身的社會角色暫時放下，想說什麼就說什麼，根本沒考慮過表達方式的問題。

其實，男人只要想著一句話就好了，「老婆是拿來哄的。」女人對於言語很敏感，特別是對喜歡的男人更是這樣。女人會因爲男人的一句話而生氣，也很容易被男人的一句話給逗樂，這就是女人。

女人坐在沙發上看著言情電視劇，男人想要洗澡，正在找換洗的衣服，可是怎麼都找不到。男人一邊翻箱倒櫃的找著，一邊背對著女人說了句，「妳把我的換洗衣服放哪裡呀？」女人就算想幫男人找，聽了這句話也不想動了，「原來放在哪裡就在哪裡，難道我會把它藏起來啊！」

如果男人說：「老婆，我要洗澡，幫我找一下換洗的衣服，好不好？」女人一定會馬上爲男人找出來，放在浴室裡。

女人喜歡聽到男人話語裡流露出需要的感覺，而不是喝斥與不耐煩，如果男人在和女人說話的時候，多注意一下技巧，女人會興高采烈的爲男人做任何事情。

女人的內心世界多姿多彩

欣賞女人的千姿百態

如花的女人千姿百態，她們是一枝枝康乃馨、月季花、百合花、山茶花，或許是粉色、紅色、黃色、乳白色……女人都懂得如何為自己沾上幾顆晨露，在陽光裡微微地閃著晶亮；女人都懂得如何乘著風輕輕起舞，讓腰肢展現動人曲線……

千姿百態的女人構成了不斷變換的風景，男人欣賞著、喜歡著女人的清新美麗、才華品性，也見證著女人的招搖、任性和小聰明。總之，女人的世界就像一個萬花筒，令男人神往心動。

女人對男人的依賴性

女人的依賴性，一開始多是以情感上的依戀爲起因，逐步延展到生活的多重面。依賴，本身就是一種愛，女人永遠不會對她們毫不相干的人有這種依賴性，依賴是女人幸福的泉源。

女人是上帝用亞當身上的一根肋骨製造出來的，說白了，女人就是男人身上的那根骨，這似乎就決定了女人對男人的依賴性是與生俱來的。

劉曉白是靠文字爲生的女人，喜歡在夜深人靜的時候寫東西，她的生活有些日夜顛倒。劉曉白喜歡在白天的時候四處遊走，很多時候，她都找不到回來的路。每當遇到這樣的情況，她就會打電話給李灝，「你在哪裡？我迷路了，不知道怎麼回家？」

李灝是劉曉白的男朋友，每次聽到劉曉白無助的求救，覺得既好笑又無奈，不過，他總是耐心的詢問劉曉白身邊有什麼明顯的建築物，以此來判斷她在什麼地方。

劉曉白每次都努力的尋找身邊的顯著地標，然後一個人蹲在原地，哪裡也不敢去，她怕李灝找不到她。

李灝找到劉曉白之後，看到蹲在地上一動也不敢動的她，也會責怪說：「妳都這麼大的人了，怎麼一點方向感都沒有啊？眞是讓人操心。」

劉曉白承認自己一直都沒有方向感，這似乎是天生的，她連東南西北都分不清楚，這時候，劉曉白會傻傻的笑，因爲她想到自己還有李灝。

有一次劉曉白開玩笑的和李灝說：「你會永遠都在我迷路的時候，把我給撿回來嗎？」李灝笑了，「拜託，妳能不能換個好聽一點的詞啊？」劉曉白相信李灝是在默認了。她就這樣依賴著李灝，從沒想過如果有一天，李灝不再把自己撿回來，自己應該怎麼辦？

這樣的一天還是發生了。那天，劉曉白像往常一樣出門逛街，看著街道上來往的行人，觀察著他們的神態，猜想著他們此刻的心情。她看到一個很像李灝的男人，身邊還有一個漂亮的女子，男人擁著女子，滿臉笑容。

劉曉白立刻打電話給李灝，在接通的一瞬間，她看到了那個很像李灝的男人對著手機說：「我正在外面跑客戶！妳一個人別四處亂走，免得又迷路了。」劉曉白聽出來李灝擔心的語氣不再，有的只是厭倦。她一句話也沒說，掛斷電話的同時把手機也關掉了，她又開始了漫無目的地遊走。

當夕陽的紅暈照亮天空的時候，劉曉白一點都不意外，自己又一次找不到回家的路了。她蹲在地上，看著手機發呆，然後站起身來，攔下一輛計程車，請司機送自己回到住處。

回到家的時候，已經很晚了，劉曉白吃驚，沒有了李灝，自己還不是一樣可以回家？沒有方向感又如何？沒有了把自己撿回來的人又如何？生活還在繼續……

女人對男人是有依賴性的，當女人愛著男人的時候，女人很容易暴露這種依賴性。有的時候，即使是自己能做的事情，女人也會央求男人，希望得到幫忙。

電腦壞掉了，女人不會立即拿起螺絲起子，打開硬碟找出問題，而是馬上通知男人，看到男人蹲在電腦旁邊，認眞地查看哪裡出了問題；看到喜歡的衣服，女人會讓男人來決定她穿在身上是否好看；女人養的狗狗生病不吃飯了，她會立刻告知男人，等著男人過來，抱著她的狗狗去寵物醫院看病；女人自己有鬧鐘，可是還會依賴男人每天早上的簡訊提醒她該起床了……一個女人之所以那麼依賴一個男人，是因爲這個男人已融進她的生命。女人因爲愛才依賴男人，同時因爲依賴而享受男人的愛。

女人的依賴性，一開始多是以情感上的依戀爲起因，逐步延展到生活的多重面。依賴，本身就是一種愛，女人永遠不會對與她們毫不相干的人有這種依賴性，依賴是女人幸福的泉源。

其實，女人希望被男人寵著、哄著。

而當女人意識到，男人不再愛她的時候，女人或許會有些不適應，可是，又有誰離開了誰會無法生存？女人會把對男人的依賴徹底收回，又回到了一個人的獨立思考，她也可以試著解決需要男人幫忙才能處理掉的麻煩。

愛面子的女人

有的女人愛面子會讓人覺得很可愛，有的女人愛面子會讓男人很體面、很風光，可是有的女人的愛面子是對自己的深深傷害，是不能說出口的隱忍和痛苦。

世俗的人都會覺得男人愛面子，女人則是愛慕虛榮。男人的大男人主義通常是男人愛面子的主要原因，女人也有愛面子的時候，特別是遇到自己喜歡的人，女人很害怕給他留下不好的印象。

麗麗與方華是住在一起的好朋友，沒事的時候，她們兩個經常會一起去逛街。有一天，麗麗與方華回家的時候，路過樓下的乾洗店，麗麗小聲和方華說：「咦，乾洗店裡新來一個服務生。」

方華不以爲然地說：「這有什麼好奇怪的。」

「我不是這個意思，妳自己看看。」麗麗有些不好意思。

方華透過乾洗店的玻璃窗望進去，看到一個高大的男生，長得還算不錯。她這時注意到麗麗的眼神，「我知道了，妳是不是偷偷喜歡他了？」麗麗有些不好意思。從此以後，她們兩人的衣服都是麗麗拿去乾洗，藉此製造與帥哥見面的機會，方華也很高興，自己不用拎著一大包衣服跑乾洗店了。

可是有一次，麗麗卻央求方華把衣服送去乾洗，方華不解，麗麗急了，「妳怎麼不明白呢？我剛和那個帥哥有些熟悉了，怎麼能讓他知道這件衣服是我穿出來的呢？這不有損我在他心裡的形象嗎？」方華無奈之下，只好抱著一堆衣服去乾洗店，不無感歎地想，唉，這愛面子的女人眞要命啊！

女人的這種愛面子，表示她開始喜歡這個男人了，這時候的女人，會把最亮麗的自己展現在男人面前，有可能破壞她形象的事情，女人是堅決不會做的。這種狀態會一直維持到與男人修成正果之後。

結了婚的女人也是愛面子的，不過這種愛面子較多表現在她們的丈夫身上。女人會爲自己的丈夫裝扮，流行什麼樣的衣服就幫男人買回來，皮鞋一定要一塵不染。她們這樣做也是一種愛面子的表現，男人的形象無非就是女人的面子。

劉軍自結婚以來，形象大變。一個人的時候，他對於穿著根本就不怎麼講究，可是，有了老婆就不同了。劉軍的妻子每天都會把他要穿的衣服掛在鏡子前，方便他可以找到。劉軍看到鏡子裡的那個人都不認識了，自己常常偷笑，「我其實也挺帥的嘛！」眞的是「人靠衣裝，馬靠鞍」。

同事有時候還會問劉軍，「你這條褲子哪裡買的？眞好看，我也要叫我老婆幫我買一條。」這時候，劉軍的自豪與驕傲是不用說了，早飄到天上去了。回到家，劉軍會在老婆面前把這件事再說一遍，最後必定會這樣說：「老婆，眞的很感謝妳，我的好老婆！」

「家醜不可外揚」也是愛面子的一種，有很多女人即使婚姻存在著很大的危機，可是愛面子的女人寧可藏在心裡，也不會說給任何人聽。有的女人愛面子會讓人覺得很可愛，有的女人愛面子會讓男人很體面、很風光，可是也有的女人愛面子是對自己的深深傷害，是不能說出口的隱忍和痛苦。

女人會透過掩飾來避免傷害

女人天生愛演戲，她們會透過很多方法，來掩飾自己眞實的想法和做法。女人常常用裝傻讓自己解脫尷尬的局面，會用虛假的謙虛來掩飾自己內心的驕傲……

很多女人在表達自己的時候，都說得含糊不清，讓人猜不透。其實這不是女人天生愚笨，而是女人太過於聰明，這種含糊的用語恰到好處的給自己留了一條後路。她們總是想讓對方去猜測自己的意思。

女人喜歡在男人面前裝傻，她們可以自己完成的事情，卻要裝腔作勢的請別人幫忙。或者是當男人發脾氣的時候，她們也會裝出一副可憐兮兮的樣子，來逃過責難。一些簡單的家務事，她們會裝傻，要是遇上粗重工作更是要裝傻，好表現出她們的柔弱。

其實裝傻也並不完全都能佔便宜，這樣在不經意之間，就欠下男人一份人情。在職場中，很多女人裝傻來博取別人的好感，其實這樣是不可取的，有時候反而會給自己帶來麻煩。

因爲，沒有一個上司願意把重責大任委託給智商低的人，只有主動做好工作，主動解決難題，把難做、複雜的工作看作是對自己的挑戰，表現出自己的能力，才能在職場上獲得成功。

許多女人也感覺到，她們的示弱，無意中妨礙了自己的發展。她們用微笑來對待重要的工作，反而讓微笑出賣了自己，使自己成爲犧牲品。示弱是內心缺乏自信，因爲害怕和別人發生衝突，或者是期待別人的保護，只好對別人示弱。

很多女人用示弱來掩飾自己的實際能力。她們利用示弱來向別人表示尊敬，使自己得到保護，或者避免遭到別人的傷害或者批評。過分的用示弱就是虛僞，虛假的示弱就是信心不足。

生活中經常會碰到謙虛示弱的人。有個女主管，她把工作完成後，得到了獎勵。但她卻再三謙讓，歸功於幫助她的同事們，推辭的臉上還掛著微笑。她知道謙虛可以讓別人更加的賞識自己，另一方面，也可以促使同事保護自己。還有一些女職員，不願意調升到可以讓自己更上層樓的工作。這都暴露出女人內心對自己的評價不高。

現實生活中，有多少謙虛的人企圖讓別人相信，她們追求的就是相互關懷的人生。但是，不管一個人怎麼試圖讓別人相信自己的崇高和令人敬佩的動機，促使她們放棄的眞正原因，是她們懷疑自己的能力。

外柔內剛的女人

一提到女人，男人習慣於用這樣的字眼來形容她們，美麗、可愛、柔弱、溫順……可是，一旦男人走進女人的內心世界，就會發現其實女人也有著堅韌不屈的性格，有著自己的追求，而且爲實現這一追求，不受任何干擾的堅守著自己的原則，這就是外柔內剛的女人。

俄羅斯網球運動員德蒙蒂耶娃在俄羅斯網壇算得上是個性最模糊的一個。她沒有庫娃的張揚、莎拉波娃的清純、米斯金娜的活潑。除了在賽場上喜歡用亢奮的聲調大聲叫嚷外，她給人的印象簡直和她那頭淡黃的頭髮一樣淡薄了。

網球運動員在賽場上摔球拍已經是一件司空見慣的事情，但是，德蒙蒂耶娃卻從來沒在觀衆面前這樣做過。有一次，被記者問到爲什麼從不在場上摔球拍，德蒙蒂耶娃是這樣說的，「因爲我小時候家裡不富裕，只能用木製球拍打球。有一次我發脾氣摔球拍，把拍子摔壞了。我當時心疼極了，發誓今後再也不摔球拍了。」她的這段話給喜歡她的人們留下了相當深刻的印象。

德蒙蒂耶娃愛護自己用過的每一把球拍，她雖然有著傲人的成績，但是只要場合允許，她總以最樸素的形象示人，在她的臉上，人們總能看到最樸實的笑容。這讓很多生活並不富有的俄羅斯球迷對她產生了親切感，送給她「平民球手」的稱號。

德蒙蒂耶娃一直追求著她的夢想，希望有一天能夠拿到大滿貫的冠軍。像她這樣的女人，雖然沒有迷人的身段，卻有著樸實的作風與不懈的追求，某媒體評論是這樣形容她的——外柔內剛的女人最可怕。

電視劇《本草藥王》，講述李時珍癡迷草藥，因古時醫書錯誤太多，立志撰寫《本草綱目》，其間歷盡千辛萬苦，並差點為嚴嵩所陷害，在眾人的幫助下才脫離險境。

劇中，慕榕這個角色給人留下很深的印象。李時珍雖與慕榕已定親，但當他與冬青相遇時，他們還是相愛。幾次陰錯陽差，讓他錯失了這段緣分，李時珍以為冬青要嫁給自己的哥哥而決心讓愛。慕榕雖然是荊王的外甥女，過著嬌生慣養的生活，但是她為了李時珍辛苦去搶狀元筆，不惜為人工作，最終求得狀元筆。她在嫁給李時珍之後，過著簡樸的生活，一心為自己的丈夫，她的世界裡只有一個李時珍。

當李時珍與冬青再度相遇時，李時珍已爲人夫，但此時他們才明白彼此的心。慕榕後來發現李時珍和冬青曾經相戀，徹底傷心的她還是同情冬青，並在冬青患眼疾之時，替她隱瞞，替她打理店鋪，爲了成全冬青和李時珍，自己寫下休書給李時珍。婚姻失敗，反而讓慕榕變得更堅強獨立，外柔內剛的女人很讓人佩服，觀衆無不爲她對李時珍的那份愛而感動。也許冬青是李時珍事業上最好的夥伴，但慕榕絕對是李時珍最好的人生伴侶。

像慕榕這樣外柔內剛的女人對於愛情是勇敢的，當她們愛一個人的時候，會投入自己的全部，即使以前過著嬌生慣養的生活，也會不怕辛苦的爲丈夫付出；而當她們發現丈夫愛的不是自己的時候，她們也明白，愛一個人不是緊緊地握在手裡，而是給心愛的人自由，讓自己心愛的人去追求屬於他的那份幸福。

女人的外柔內剛，也會體現在生活上。有的女人發現丈夫出軌，她們沒有一哭二鬧三上吊，她們的內心或許有過掙扎，或許也曾黯然落淚，但是她們覺得丈夫的行爲已經是對女人、對婚姻的背叛，她們毅然決然地選擇離婚，而這種外柔內剛的女人，總是讓世人驚歎。

關於糾纏不清的男人

女人承受不了男人的死纏爛打。她們答應了男人的追求，不是因爲愛，而是因爲她們被愛。露骨的求愛，在女人看來未必不是件愉快的事。不論這個女人多麼的冷淡，即使她說著討厭，也會在心裡深處疼惜愛她的人。

女人對待男人的死纏爛打，眞是又恨又愛；恨的是，他們像陰魂不散，擾亂著自己的生活；愛的是，他們的這種表現肯定了女人的價值，讓女人感到自豪，原來在別人的眼裡，自己竟然有這麼大的魅力。男人間流傳說：「追求女孩子的竅門在於窮追不捨，只要把握時機，果斷勇敢的發起強勁猛攻，進而窮追不捨，一定能擒住心儀的女人。」先不說這個秘訣有沒有用，至少說明了女人是經不起死纏爛打、糾纏不清的。

其實，戀愛的過程就像蹺蹺板，一會兒這邊高，一會兒那邊高。男人追求女人的過程也是如此，男人熱時，女人就冷；女人熱時，男人就會冷。如果女人打算放棄，男人會很積極的去戀愛。感情是個謎，沒有一個人可以給它定性。

人不能控制感情的發展，就像不能把握自己的心一樣。或者就像海邊的沙灘和海水一樣，海灘上的沙子不知道下一次的海水什麼時候再次來襲，不知道海水有沒有可能再次沖洗上一次沖洗過的沙子。所以，男人的死纏爛打、糾纏不清對女人來說，會打破她們愛情力學的平衡，使女人的心開始動盪。

任何一個女人都會對這種死纏爛打、糾纏不清的男人很憤慨，甚至想要去侮辱他。但是在男人的強烈攻勢之下，女人還會這樣想：這傢伙還眞有毅力呀！眞是拿他沒有辦法，難道我就這麼有魅力嗎？他對我看來是眞心的。

女人的弱點就是明明知道對方說的是假話，但只要是女人喜歡聽的，都會信以爲眞。所以，當男人一味的死纏爛打，或者說上幾句甜蜜的話，很容易讓女人自己也崇拜起自己來。等到女人開始自我陶醉的時候，就會向男人們投降。

女人承受不了男人的死纏爛打。當她們答應了男人的追求，不是因爲愛，而是因爲她們被愛。露骨的求愛，在女人看來未必不是件愉快的事。不論這個女人多麼的冷淡，即使她說著討厭，也會在心裡深處疼惜愛她的人。

徐麗一直被一個男孩子追求著，每天看見他在外面等她上班、下班。剛開始，男孩子還小心翼翼的問她：「我可以請妳吃飯嗎？」或「請問，我可以送妳回家嗎？」或「我們可以做朋友嗎？」

徐麗每次都會毫不猶豫的拒絕，因爲他不是她喜歡的類型，可是男孩總是默默的看著徐麗進進出出。徐麗有事情的時候，他會第一個過去幫忙。慢慢的，徐麗對他不再那麼的反感了。

徐麗容許男孩子每天來接她上下班，有空的時候，和徐麗一起出遊，經常買小禮物送她。徐麗周圍的朋友都非常羨慕她，徐麗慢慢的沉浸在這種幸福當中。他始終沒有放棄自己的追求，不斷的變換花樣來討好徐麗。帶她去吃燭光晚餐，看她心情不好的時候陪她聊天，帶她出去散心，讓徐麗每天生活在快樂之中。

一點一滴的事情，讓徐麗感覺到他對自己的真心，感覺到自己的重要性，使自己也開始陶醉起來。最後，徐麗的心就偏向他了。他們墜入了情網。這樣的結果說明，對女人死纏爛打還是有點用的；同時也說明了，女人還是需要被愛的。

自信的女人最可愛

自信的女人最可愛。自信的女人更懂得生活，懂得展現人生的價值，她們善於表現自己的見解，她們能很自然、坦誠地表現自己的觀點和願望。她們對自己的表現和感覺良好，也尊重別人的感情和願望。

自信是成功人士的動力，是人生的一種積極態度和向上的熱情。自信的女人有獨立的思想，有正確的人生觀，這樣的女人往往知道自己想要什麼，能要什麼，這樣的女人或者外表並不美麗，但是她由內而外散發出來的氣質，使女人變得更加可愛與美麗。

卡內基鼓舞我們要有自信、有勇氣、有熱忱，「我們要心存熱忱——並且表現出來，就能給自己信心，勇氣依憑自信，如獲益於逆境的動力激勵人們。」可見自信的威力、堅強的信念可以給你帶來無窮的力量。一個人要有自信心，信服自己的人，才能讓別人信服。

海倫凱勒能在盲、聾、啞的逆境中取得光輝的成就，她的內在動力就是自信心，還有她頑強的信念。她堅信要勇敢，要學會受苦。她相信自己有朝一日會生活在歡樂和滿足之中。

趙越在一九九二年獲得「世界亞裔小姐」和「最上鏡頭小姐」雙項冠軍，憑藉的就是自信。一九九一年的國慶日，趙越在中國駐紐約總領事館出席國慶招待會，認識了正在舉辦首屆世界亞裔小姐選美大會的淩布亞娜。寒暄之後，淩布亞娜邀請她參加比賽，趙越當場就答應了，她的自信讓她抓住這次偶然的機會。

趙越提前了兩天到大西洋域，住進飯店後便投入緊張的排練中，兩天下來，趙越對參賽的對手有了瞭解，並做了一下簡單的比較，趙越很堅定的認爲自己不比別人差。

選美比賽一般分四個階段，第一階段是著運動裝，展示美女的青春活力；第二階段是著泳裝，以體現美女各自的卓越風姿；第三階段是著晚裝，突出美女的個性丰采；最後是機會問答，由司儀抽籤提問，測試參賽者的智慧和口才。

「今晚參賽的佳麗很多，妳對她們有何建議？」這是趙越抽到的考題，難度中等偏上。

自信而機警的她未加思索的脫口而出：「我希望她們都能充滿自信，因爲自信可以幫她們發揮最佳水準。當選與否，並不重要，重要的是參與。如果能獲勝那自然最好，榮譽有利於個人的發展前途，也可以激勵別人。」語言幹練而且簡潔，話音未落，掌聲響起。這個答案讓趙越爲她最後的奪冠奠定了基礎。

一個女人可以不美麗動人，但必須要有自信，自信會讓女人擁有無窮的魅力。女人的自信，不是從書上看到，也不是靠學習得到，更不是別人教的。眞正的自信源自於內在，是由裡到外都散發著迷人的氣息。

一個自信的女人，無論外貌多平凡，也會散發光彩，因爲自信可以變成一種人格魅力，深深地吸引周圍的人。自信的女人最可愛。一個自信的女人更懂得生活，懂得體現人生的價值，她們善於表現自己的見解，她們能很自然、坦誠地表達自己的觀點和願望。她對自己的表現和感覺良好，也尊重別人的感情和願望。

自信的女人善於判斷方向，準確瞭解局勢，果斷採取行動。自信的女人也是最美麗的女人，她們散發出來的美麗，不會因外表的平凡而有絲毫的減損。

女人討厭被改變

不單是女人討厭被改變，男人也是如此。如果眞心愛一個人，就不要去改變對方所思所想的習慣。

很多男人都會有意無意拿別人的老婆和自己的老婆比較，最後得出一個結論——老婆還是別人的好。奉勸這些男人，心裡偷偷想也就罷了，千萬不要當著老婆的面說，否則難逃一頓口舌之戰，甚至會被老婆趕出家門，後果就很嚴重了。女人之所以不喜歡聽，說白了，就是討厭被改變。

沈冰冰是一個大咧咧的女孩子，和男朋友劉俊傑認識的那天，她就明確告訴劉俊傑，「我做不了淑女，你要是不喜歡，大可以找別人。」可是，劉俊傑正是被沈冰冰的自信與率眞所吸引，他們兩個人開始交往了。

劉俊傑喜歡沈冰冰，覺得她不像其他女孩子那樣，非要男朋友陪著、哄著，沈冰冰非常獨立。有一天，劉俊傑想帶沈冰冰回家見父母，電話裡再三叮囑，「妳可要表現得像淑女一點，我媽喜歡文靜的女孩子。」沈冰冰答應得倒是蠻爽快的。

可是當劉俊傑去接沈冰冰的時候，看到她穿的還是牛仔褲，就有些不高興，「我不是再三叮嚀妳，妳怎麼還穿牛仔褲啊？」

沈冰冰一下子不明白劉俊傑的意思，不解的問，「我穿牛仔褲怎麼了呀？」

「唉，妳穿條裙子，不就顯得淑女了嗎？」

沈冰冰聽到劉俊傑這麼說，很平靜地說，「認識你的第一天，我就告訴過你，我做不了淑女，你難道不記得了嗎？我即使穿上裙子也不會像淑女。還有，我明確的告訴你，我根本就沒有裙子，一條都沒有。」劉俊傑沒想到沈冰冰會有這麼大的反應，他只不過想給父母留下一個好印象，這也錯了嗎？

錯倒是沒錯，只不過女人不喜歡被改變。女人就一定要穿裙子嗎？眞的沒必要，說白了，劉俊傑還是有著淑女情結，喜歡沈冰冰不過是因爲她與衆不同，而並非是愛她。如果眞心愛一個人，就不會要求對方爲自己改變。

劉濤一直都喜歡長頭髮的女人，偏偏自己的老婆不願意把頭髮留長。劉濤只能欣賞別的女人長髮過過癮。

有一天，劉濤與妻子坐在沙發上看電視。中間播了一段洗髮精的廣告，劉濤不禁稱歎，「妳看看人家的頭髮，多順滑、多飄逸啊！看看妳，還是一頭短短的頭髮，眞是一點女人味都沒有。」

妻子一聽，不高興了，「你以爲我不知道長頭髮好看啊？我得做飯，頭髮太長很容易沾染一頭油煙味，我得照顧孩子和你，還得上班工作，哪有那麼多時間整理頭髮？」

劉濤想想倒也是，談戀愛的時候，妻子一頭烏黑亮麗的長髮多讓他癡迷。結婚之後妻子懷孕，聽說長頭髮需要很多的營養，便把頭髮剪掉了，從此沒留長過。再想想妻子每天早上都要催孩子起床，還要做飯、洗衣，工作上的事情也不比自己少，眞的是不容易。

想到這些，劉濤覺得長頭髮好看是好看，可不就是好看點嗎？比起妻子爲這個家付出的，又算得了什麼呢？

不僅是女人討厭被改變，男人也是如此，如果眞心愛一個人，是不會去改變對方的。

如何贏得美人歸

男人如何征服女人

「男人不壞，女人不愛」已經過時了，現在的女人獨立自主，她們更渴望溫柔、體貼的男人。

一個女人，你不深入到她的思想，就無法見識她的全部魅力，也就不可能占滿她心中的位置。要知道，一個男人可以被無數個女人誘惑，並愛上她們。但一個女人卻會因為愛上一個男人而滿足，為男人傾心並願意守著男人過一生。

因此，要想贏得女人的心，男人就應該具備「負責任」這一重要的品行。女人不怕男人有長長的過去，也可以不在乎男人以前愛了一次又一次，愛過一個又一個，但女人絕對無法容忍男人的不負責任！

贏得女人好感的一〇一種方法

贏得女人好感的一〇一種方法，是每一個男人俘獲女人芳心的實用寶典！

1.經常送她喜歡的小禮物，像是鮮花。但禮物切忌重複。小禮物是俘獲女人芳心既實用又廉價的法寶。

2.經常打電話或者發個簡訊，噓寒問暖，說點平常的問候或者囑咐。如，該吃飯了。你一句簡短的問候，就有可能讓女人感動得一塌糊塗。

3.約會或回家的時候，要先給她一個熱烈的擁抱。擁抱是安撫女人疲憊心靈的妙藥。

4.詢問她當天有沒有煩心事，問問工作的感受，給出適當的體貼和關心。此時，不經意的一句話語就有可能還你一個激烈的擁吻。

5.要學習如何向她提問，並要學習傾聽。很多時候，傾聽比提問重要。

6.克制自己，不要擅自替她做主或者出主意。當她做出決定後要給予肯定。

7. 當她說要做什麼的時候，先聽她的計劃，再做建議，不要一味的否定。

8. 要提前準備浪漫的約會，不要到那天才問「今天妳有事嗎？」

9. 哪天該她洗衣服或者做飯，如果她突然有事或者很累，你不妨代勞一下，讓她感覺到你的體貼與善解人意。

10. 要經常對她說「妳很美」，或者經常的誇讚她一下。

11. 感覺她有心事或者不開心時，要主動去安慰或者讓她找你傾訴，一起承擔痛苦。

12. 當她說不想動的時候，你要幫她做一些能力所及的事情。

13. 一起出外旅遊的時候，把時間安排得寬鬆一點，減少緊迫的感覺。

14. 約會的時候要早十五分鐘到達，如果她遲到，要原諒她。因爲遲到基本上是女人的專利。

15. 如果你們約好時間見面，而你可能會遲到的話，要事先打電話告訴她。

16. 如果她對你有所請求，不管你同意還是不同意，都要委婉的答覆，不要讓她感覺她的請求是個錯誤。

17. 在任何她感覺悲傷的時候，你要給予充分的理解和安慰。千萬不要有任何辯解，默默的陪伴就好。

18.當你們之間遇到難題的時候，不要急於告訴她決定，你可以說，「我需要時間考慮。」

19.當你考慮好的時候，不要隱瞞，要明白的告訴她，不要讓她誤會。

20.隨時抽出時間陪她到郊外散心，製造溫馨感覺。適當的情感交流讓她感到溫暖。

21.如果她想和你說話，你要放下手裡的東西或者工作，全心投入的傾聽，並面對她的眼神。

22.你要留心觀察她的情緒，如果在低落期，你要給予適當的安慰，詢問一下，是否需要幫助。

23.你出去買東西的時候，問問她需要什麼，或者叫她一起去，讓她感覺你在乎她。

24.當你要做什麼的時候，就直接告訴她，切忌隱瞞。

25.每天對她說一次「我愛妳」。

26.當你忙碌時，也應該記得打個電話給她，詢問一下她的情況。

27.每天最好能跟她擁抱三次以上。讓她感覺你每天都很在乎她，切忌忽冷忽熱，這會讓她懷疑你有外遇。要不就不要擁抱，要擁抱就得數十年如一日，最好是固定時間、固定方式。

28.睡覺之前，幫她鋪好被子。
29.早上起來，幫她擠好牙膏。
30.出門的時候，隨手把垃圾帶出去。
31.她洗衣服之前，記得把衣服翻過來。
32.如果你要出差，隨時告訴她你的行蹤，免得她聯繫不到你，為你擔心。
33.盡量提醒她要做的事情，免得她忘記了。
34.幫她清洗車子，減少她的工作量。
35.和她一起出遊之後，要主動清洗車子，清理各處垃圾。
36.在你們親熱的時候，要盡量製造一些浪漫的氣氛。
37.下班回家，經常為她按摩一下後背、脖子、肩膀等部位。
38.如果在公共場所不小心惹她生氣了，應該把她拉到旁邊，慢慢讓她恢復平靜。
39.經常鼓勵她說出心事。有些事情說出來可能解決不了，但是會舒服很多。

40. 你們一起看電視的時候，不要任意轉台，先徵求她的意思。

41. 在衆人的面前向她示愛。

42. 當你握著她的手時，要強勁有力，不要軟弱無力。讓她感覺到你是一個可以依靠的人。

43. 瞭解她的愛好。如愛吃的菜、愛喝的飲料等。無論在什麼場所都要照顧得無微不至。

44. 如果想請她吃飯，自己要選好地方，不要讓她選。

45. 爲她買車票或者電影票。

46. 提供好場所，提升她的知名度，體現她的風采。

47. 如果你們約好了某事，她突然改變主意，你要給予適時的理解。

48. 在公共場合，明顯給予她多於別人的關心和注意。

49. 在孩子的面前，表現出她比孩子重要。讓孩子也感到她的重要性。

50. 你應該發揮潛能，買到她自己也很難買到的合適衣服。這樣的男人在她看來簡直是太完美了，她會愛你一輩子。

51. 外出旅遊時，要多幫她拍照，留下影像，讓她可以回憶你們的快樂時光。
52. 每次放假的時候，都帶她到不同的地方遊玩，盡量製造浪漫的旅程。
53. 在你的錢包裡放著她的照片，每過一段時間就要換上最近的照片。
54. 你們出外旅遊，住賓館或者旅館的時候，讓服務生在房間裡多擺放一點東西，如香檳、鮮花、巧克力、飲料等。
55. 要記得每一個紀念日，如她的生日、你們第一次約會的日子等。在每一個紀念日都記得買一點小禮物或寫一封情書、小卡片給她。
56. 如果你們要駕車出門，你要主動開車。
57. 駕車時，如果她坐在前面，一定要放慢車速，保證她的安全。
58. 如果她要出門，要幫她安排好行車的路線，讓她避免走很多冤枉路或迷路。
59. 及時發現她的情緒變化，適當的給予調解，以便瞭解她的想法。如問一句，「妳今天看起來很累，怎麼啦？」或「看妳今天的心情不是很好，能告訴我嗎？」。
60. 經常帶她去參加各種活動，或者鼓勵她去報名舞蹈班等，以增加她的自信心。
61. 偶爾寫一首情詩，並生動而充滿情感地念給她聽，增進浪漫氣氛。

62.適時地找個機會，用以前初戀的方式和她再次約會，讓她重溫一下以前的浪漫。這一定會讓她感動萬分。

63.主動找一些家務事做，或者問問她有什麼要幫忙的。

64.幫她磨好廚房的菜刀。

65.及時更換家裡壞了的燈泡或者水龍頭開關。

66.經常打掃一下家裡的環境，幫她拖地或者擦擦玻璃。

67.你看報紙的時候，讀到有趣的新聞，大聲念出來和她一起分享。

68.把留言簿整理一下，以便讓她可以一目了然。

69.每次洗澡之後或看見地上有水的時候，把水拖乾，讓浴室保持乾爽整潔。

70.每次看見她回家的時候，要第一時間幫她開門，接過她手裡的所有東西。

71.一起逛超市或者賣場的時候，要主動幫她提東西或者推購物車。

72.無論在什麼時候，都要先爲她著想。

73.出外旅行的時候，要背最重的包包。

74.吃完飯，要主動幫她洗碗、洗盤子，或者收拾餐桌。

75. 把家裡需要修理或者丟掉的東西列個清單，等你有空的時候解決它。
76. 當她辛苦做好飯的時候，不要忘了說聲謝謝，還要讚賞一下她的廚藝。
77. 時常傾聽她的談話，並注視她的眼睛。
78. 你和她談心的時候，應輕輕地撫摩她的手，讓她感覺你的關懷和體貼。
79. 每天對她的工作和休閒表示關心。關注她閱讀的書或接觸的人。
80. 當你聽她說話的時候，讓他感覺你對她的話感興趣。不時的給一些安慰。
81. 經常詢問她的身心感覺，這有利於她的心情舒暢。
82. 如果她生病了，要抽出時間陪她，多關心一下她的病情，多詢問她的感覺。
83. 你發現她感覺疲憊的時候，要盡快泡上一杯茶或咖啡給她。
84. 盡量與她一起做好睡前準備，一塊上床休息。
85. 在你離家去上班的時候，要溫柔的和她擁吻，說下班見。
86. 經常對她說些笑話或適度的幽默，使你們之間的關係輕鬆一些。
87. 當她爲你做任何事情的時候，別忘了向她道謝。
88. 當她新做了髮型，或者穿新衣服的時候，要多給予讚賞，讓她安心和滿足。

89. 經常給自己和她製造獨處的機會。

90. 當你們親密的時候，或者在她宣洩情緒的時候，關閉你們的通信系統。

91. 和她一起騎車兜風，即使是很短的距離也會拉近你們的情感距離。

92. 策劃或者安排一次野炊，並提前準備好所用的野炊餐具。

93. 提前把要洗的衣服放入洗衣機，或幫她洗衣服。

94. 偶爾把孩子放到父母家，和她度過一段兩人世界的輕鬆日子。

95. 面對任何事情的時候，和她商量再做決定，並徵求、參考她的意見和建議，盡可能滿足她的需求。關心她、體貼她，切忌要她做自我犧牲的「聖人」。

96. 你出差的時候，要讓她知道你時時想念她。

97. 經常買一些她喜歡的點心，這會讓她覺得你時刻掛念著她。

98. 經常主動幫她出外買東西，這是一個好男人的表現。

99. 當你們在浪漫的餐廳進餐的時候，不要暴飲暴食。盡量表現紳士風度，讓她爲你感到自豪。

100. 要及時瞭解她的想法和建議，隨時列個清單，並且盡量幫她解決問題。

101. 當你在家上完廁所的時候，記得把馬桶坐墊放下來。女人往往會在細節上注意一個男人的所作所爲，來判定你是否是値得信賴的人。

國家圖書館出版品預行編目資料

懂女人=≠識女人／馮湘兒著
第一版——臺北市：老樹創意出版；
紅螞蟻圖書發行，2009.07
面；　公分.——（New Century；11）
ISBN 978-986-85424-0-2（平裝）
1.女性心理學 2.兩性關係

173.31　　98011126

New Century 11

懂女人=≠識女人

作　　者／馮湘兒
文字編輯／胡文文
美術編輯／上承文化有限公司
發 行 人／賴秀珍
榮譽總監／張錦基
出　　版／老樹創意出版中心
發　　行／紅螞蟻圖書有限公司
地　　址／台北市內湖區舊宗路二段121巷28號4F
網　　站／www.e-redant.com
郵撥帳號／1604621-1 紅螞蟻圖書有限公司
電　　話／(02)2795-3656（代表號）
傳　　眞／(02)2795-4100
登 記 證／局版北市業字第1446號
數位閱聽／www.onlinebook.com
港澳總經銷／和平圖書有限公司
地　　址／香港柴灣嘉業街12號百樂門大廈17F
電　　話／(852)2804-6687
新馬總經銷／諾文文化事業私人有限公司
新 加 坡／TEL:(65)6462-6141　FAX:(65)6469-4043
馬來西亞／TEL:(603)9179-6333　FAX:(603)9179-6060
法律顧問／許晏賓律師
印 刷 廠／鴻運彩色印刷有限公司
出版日期／2009年7月　第一版第一刷

定價240元　港幣80元

敬請尊重智慧財產權，未經本社同意，請勿翻印，轉載或部分節錄。
如有破損或裝訂錯誤，請寄回本社更換。
ISBN 978-986-85424-0-2　　Printed in Taiwan

老樹創意

老樹創意